La mémoire de ma mère

GIULIA
SALVATORI

AVEC LA COLLABORATION
DE JEAN-MICHEL CARADEC'H

Annie Girardot
La mémoire de ma mère

TÉMOIGNAGE

À maman.

I

À la recherche des mots perdus

— Maman, tu n'es vraiment pas gentille avec moi !

Je me suis figée, suspendant le geste que j'étais en train de faire. Je crois que je transvasais du jus de fruits dans une cruche.

J'avais le dos tourné, elle faisait des mots croisés sur la table de la cuisine. Dehors, par la fenêtre, resplendissait le ciel toujours bleu de la Sardaigne. On entendait les cris des enfants qui jouaient sur la plage toute proche, et la rumeur ininterrompue du port, ce lancinant claquement des haubans.

— Comment m'as-tu appelée ?

— Maman, pourquoi ?

— Mais maman... c'est *toi* ma maman !

Elle a haussé brièvement les épaules, et écarté d'un mouvement de la tête ce... *lapsus*, dira-t-elle plus tard. Comme on chasse un mauvais rêve, une idée noire, un sale pressentiment.

— Ouais. Bien sûr. Qu'est-ce que je raconte...

Puis elle est retournée à ses mots croisés comme si de rien n'était. Et si je n'avais pas aperçu cette barre entre ses deux sourcils, j'aurais moi aussi écarté cette pénible impression qui depuis quelque temps s'imposait à moi, malgré tous mes efforts pour tenter de la faire disparaître. Je me surprenais à épier ses gestes, ses mots et, bien que je m'en défende, à noter dans un coin de mon esprit tous ces petits accrocs – sans importance évidemment – qui venaient entailler sa vie.

Pour donner le change, je me suis plantée devant elle, m'essuyant les mains sur mon tablier puis posant les deux poings sur les hanches dans l'attitude classique de la soubrette de théâtre.

— *Allora*, je ne suis pas gentille avec la *signora* Girardot ?

Annie se mit à rire de bon cœur, comme elle a toujours aimé le faire, un rire qui part du ventre et qui éclate dans la poitrine.

— C'est parce que tu es une Salvatori ! Tu es bien la fille de ton père.

Puis elle reprit soudain son sérieux.

— Je n'en sais foutre rien ! Je ne me rappelle même plus pourquoi je t'ai dit ça. J'ai la mémoire qui me joue des tours ces temps-ci. De toute façon, *si je ne sais pas pourquoi, toi tu le sais !*

Et la voilà repartie dans un rire que je trouve cette fois un peu forcé, mais peut-être que je me fais des idées…

— Maman, si nous prenions le bateau ? Un petit tour en mer te ferait du bien. On pourrait aller dans une crique et nager dans de l'eau turquoise.

— Bonne idée, je finirai cette grille plus tard. Ces mots croisés deviennent de plus en plus difficiles : je ne trouve plus la moitié des définitions.

Je jette un coup d'œil au journal. La grille est aux trois quarts remplie. Je ne sais pas pourquoi, mais je pousse un soupir de soulagement.

— Tu exagères, regarde : tu l'as presque terminée.

— Oui, mais ça fait deux jours que je suis dessus. Avant je n'aurais pas mis deux heures…

La maison de Porto Rotondo est le résultat d'une longue histoire d'amour entre ma famille et ce petit port de Sardaigne découvert et développé dans les années soixante-dix par le comte Donà delle Rose. Avant de devenir l'un des hauts lieux de la jet set, Porto

Rotondo n'était qu'une plage au milieu des rochers, nichée dans la baie d'une presqu'île. Sans eau courante ni électricité, quelques masures avec un petit ponton en bois où n'accostaient que les barques de pêcheurs et le bateau de ravitaillement qui faisait vivre une poignée de bergers, de charbonniers et de paysans de la mer. C'est à cette époque que nous avons découvert ce paradis, Renato mon père, Annie ma mère, et moi Giulia, petite Franco-Italienne, farouche et gauche, fille de comédiens. Nous faisions alors une croisière sur le bateau de Marco Ferreri, qu'il avait baptisé du titre d'un de ses films, *El Cochecito*[1].

Mon père voulait à tout prix que nous visitions Porto Rotondo, dont le comte Donà delle Rose projetait de faire le pendant de sa station de sports d'hiver de Cortina d'Ampezzo. Il comptait aussi concurrencer – en plus huppé et en plus chic – le Porto Cervo de l'Aga Khan. Les grandes manœuvres des promoteurs avaient démarré sur la Costa Smeralda en Sardaigne à la fin des années soixante. La sentinelle avancée de ce projet était un grand bâtiment blanc, le Sporting Club, et déjà débutaient les travaux de la *piazzetta* San Marco, qui allait devenir l'épicentre d'un fabuleux programme immobilier.

Pour moi, les vacances à Porto Rotondo furent sans conteste les plus beaux moments de ma vie et les liens qui m'attachent à cet endroit sont d'autant plus forts que la croissance de ce village a jalonné mon existence. Je revois mon enfance et mes premiers pas émerveillés sur le sable de la plage ; je me revois, pendant mon adolescence, chevauchant ma Vespa les cheveux en liberté sur les chemins de terre, et plus tard à la barre de mon bateau, les pieds écartés sur le pont, louvoyant entre les récifs. C'est

---

1. *La Petite Voiture*, 1960.

ce coin de Sardaigne qui m'a fait grandir, et c'est sur ces rochers-là que je voudrais terminer mes jours.

Installée à l'avant de mon petit bateau, Annie renifle l'air marin comme un animal hume une piste fraîche. Contournant les gros yachts stationnés dans la marina comme sur un parking de supermarché, je me hâte de quitter le port. Je connais toutes les calanques qui découpent la presqu'île, surtout celles où les écueils aux arêtes méchantes empêchent les bateaux de mouiller. Le faible tirant d'eau du mien me permet de jeter l'ancre sur un fond de sable si blanc qu'en reflétant le ciel il rend l'eau turquoise. La crique ressemble à une pierre précieuse enchâssée dans un tombant de roches ocre. Seules les rapides petites embarcations en caoutchouc peuvent aller jusqu'à la côte dans ces parages, et je devine un couple de jeunes gens qui fait l'amour au milieu des rochers tandis que leur canot pique du nez dans le clapot.

Annie enfile son costume de bain et j'installe la petite échelle qui lui permet de descendre dans l'eau. Des girelles attirées par les remous se précipitent vers la surface puis, dépitées, repartent dans le bleu. Je vérifie le mouillage et plonge, la tête en avant et les jambes jointes, comme les garçons avec qui je jouais enfant sur le ponton me l'ont appris. « Tu plonges et tu nages comme un Salvatori », disait mon père en passant sa main dans mes cheveux coupés court et durcis par le sel.

Annie se glisse lentement dans la mer, descend barreau par barreau l'échelle et frissonne au fur et à mesure que l'eau recouvre sa peau. Lorsque le niveau lui arrive à la taille, elle fait une petite pause.

— Ah ! Comme ça fait du bien de faire pipi dans la mer !

— Tu peux y aller maintenant, elle est tellement chaude qu'on pourrait y faire bouillir un œuf.

— Ne me bouscule pas. J'ai soixante-six ans, je suis une baigneuse respectable, moi. Je ne fais pas de plongeons comme un gamin du port !

Puis nous nageons autour du bateau. Je veux l'entraîner vers le large, mais elle tient à rester à proximité de la coque qui se dandine au mouillage. Je la laisse à ses brasses hésitantes pour me lancer dans un crawl énergique qui m'emmène à quelque distance.

Je ne sais ce qui m'arrête, peut-être un cri muet, un silence perçant, quelque chose dans l'air qui me fait me retourner. J'aperçois à travers les gouttes de sel Annie, agrippée à l'échelle comme un bébé singe à sa mère. Merde, qu'est-ce qui se passe ? Je reviens à toute vitesse vers le bateau, la tête hors de l'eau pour ne pas la quitter du regard.

— Maman ! Maman… J'arrive !

Elle est là, la tête baissée, la joue pressée contre le montant métallique, les deux mains accrochées aux échelons de bois. Je ne vois pas son regard, elle cache son visage.

— Maman, qu'est-ce que tu as ? C'est une crampe ?

— Non, ça va.

— Tu veux remonter sur le bateau ?

— Oui. Je veux remonter.

— Eh bien remonte. Moi je vais continuer à me baigner un peu. Tu es sûre que tout va bien ?

— Oui. Mais je veux remonter.

— OK. Tu n'as pas besoin que je t'aide, quand même !

— Si, aide-moi… *Je ne sais plus comment on fait pour remonter.*

— Comment ça, tu ne sais plus ?

— Je sais plus. Mes jambes, elles n'obéissent plus.

— Qu'est-ce que tu racontes ?

Je m'approche d'elle et je l'entoure de mes bras. Je dois me contrôler pour empêcher la panique de m'envahir.

— Tu dois être ankylosée. Je vais te pousser par-derrière. Toi, tire sur tes bras. Tu es prête ?

Je la pousse aux fesses d'un coup brusque qui me fait plonger sous la surface. J'aperçois ses jambes qui ondulent comme deux algues dans la mer. J'émerge en crachant de l'eau.

— Fais un effort. On ne va pas rester comme ça ! Je vais recommencer.

Cette fois-ci, je déplie ses bras qu'elle tient enroulés entre les barreaux et je l'oblige à saisir les deux montants de l'échelle.

— Tu n'as rien à craindre, je suis là. Lorsque je vais te pousser par-derrière, tu vas tirer sur tes bras et remonter.

Je dispose l'un de ses pieds sur le premier barreau. Elle se laisse faire sans réagir.

— On y va maintenant !

Je pousse alors fortement tout en me cramponnant avec une main à l'échelle. Annie se déplie et son corps retrouve naturellement toutes ses facultés, elle escalade prestement l'échelle et saute dans le bateau. Je reste immobile, mal à l'aise, vidée.

L'eau, la mer, le soleil, tout s'est assombri.

— Alors tu viens ? J'ai envie de rentrer, moi. Je n'ai pas terminé mes mots croisés.

— Mais maman, tu vas bien ?

Elle me répond avec cette intonation qui n'appartient qu'à elle, cette impatience dans la voix, qu'elle fait sentir par un débit accéléré en laissant chuter la fin de sa phrase comme une vieille chaussette dont elle voudrait se débarrasser.

— Écoute, on ne va pas passer l'hiver ici ! Si encore je pouvais faire comme ces deux-là... Mais on a oublié d'emmener le nécessaire. À part les lézards et les chèvres, ça manque de mecs dans le coin...

— Enfin maman, pourquoi m'as-tu dit que tu ne *savais* plus comment remonter sur le bateau ?

— J'ai dit ça, moi ?

— Oui.

— Je ne m'en souviens pas. On ne va pas en faire toute une histoire. Allez, partons. Ça m'agace de voir les deux là-bas se tripoter. On rentre, mets ton zinzin en marche.

Je mets le cap vers le port, maman se repose à l'abri du vent dans la cabine, sans manifester plus d'émotion. Le bruit du moteur nous dispense de faire la conversation. Je ne peux néanmoins m'empêcher d'être inquiète : l'image de ma mère paralysée dans l'eau me hante pendant tout le trajet. Ce qui me trouble particulièrement, c'est la rapidité avec laquelle elle a récupéré ses facultés après cet épisode. Je n'ai pas le souvenir qu'une crise de tétanie ou qu'un pépin au cerveau se résolve aussi rapidement.

Et puis maman n'a pas dit qu'elle ne *pouvait* pas monter l'échelle, mais qu'elle ne *savait* plus comment la monter. Ou alors c'est moi qui ai mal compris : je suis bilingue, je parle et comprends très bien le français et l'italien, il m'arrive cependant d'utiliser quelquefois un mot pour un autre.

Quelle lâche je fais, je me donnerais des claques ! J'essaie de trouver de mauvaises raisons pour ne pas voir la réalité en face. Annie a un problème neurologique. Il faut qu'elle voie un médecin. Cette perspective me déprime. Maman déteste les médecins. Toute sa vie, c'est Maggi, ma grand-mère, sage-femme, qui a pris en charge ses problèmes de santé… comme tous ses autres problèmes d'ailleurs.

Mais Maggi est morte.

Et maintenant, c'est moi qui m'occupe de ma mère, qui tente de mettre de l'ordre dans ses papiers à défaut de le faire dans sa vie. Qui joue la secrétaire, l'attachée de presse, l'agent, la confidente, l'amie, et le réceptacle de toutes les complications, de toutes les frustrations, de toutes les exigences qui caractérisent les stars de cinéma. Même les plus populaires.

Et dire que je rêvais de devenir comédienne…

Moi non plus je n'aime pas les médecins. Aucun ancien *junkie* n'aime les médecins. Ils sont associés à la face noire de la drogue : les urgences, les overdoses, les cures de désintoxication, la déprime, l'envie de la mort blanche.

Le simple fait de penser à l'hôpital m'inonde d'une sueur froide qui me glace à la barre de mon bateau malgré le chaud soleil de Sardaigne.

Mais *basta cosi* ! Je suis *clean*, maintenant. Et même si parfois je rêve encore que je me pique, je me réveille le matin soulagée : mes bras sont intacts et mes idées claires, sans cette terrible sensation de manque qui bat dans les veines et les tempes.

Nous rentrons à la maison et au fur et à mesure que je me rapproche du port, une sorte de quiétude m'envahit au spectacle familier des collines qui surplombent le village. Peut-on encore parler d'un village, d'ailleurs, quand les constructions grignotent peu à peu les pentes ? Qui pourrait s'imaginer que lorsque nous nous sommes installés ici, il n'y avait que vingt-trois familles à Porto Rotondo et qu'on y amenait l'eau chaque jour depuis Olbia en camion-citerne ? Tous les approvisionnements arrivaient par la route empierrée qui dévalait les hauteurs en longs virages poussiéreux.

J'avais à peine neuf ans et déjà les clefs du bateau que je savais manier comme un vrai matelot. Je me souviens que j'allais chercher l'essence sur mon scooter chez Fondoni, tout en haut de la colline. « Va chercher l'essence ! » Telle était la mission que me confiait mon père qui détestait se rendre à la station-service le matin, après une nuit passée à jouer au poker au Sporting.

Il me tirait de ma couchette sur le bateau en criant bien fort qu'il voulait aller faire la sieste en mer. Je fonçais chez Fondoni avec mes bidons accrochés tout autour de ma monture comme une petite bombe humaine. Fondoni, aussi grassouillet que moi, remplissait lui-même mes bidons en me recommandant de faire attention dans la descente : « Si tu tombes, tu exploses ! » Maintenant Fondoni ne sert plus l'essence. Un jour, en creusant les fondations de sa future maison, le pompiste a découvert une très grosse source cachée dans son terrain. Et depuis, il y a une via Fondoni, une piazza Fondoni et une fontaine Fondoni à Porto Rotondo. On peut dire que l'eau qui coule du robinet a rapporté autant d'argent à Fondoni que le pétrole aux émirs arabes.

Je lance un coup d'œil à maman qui me sourit mystérieusement, la moitié du visage dans l'ombre et le reste éclairé par le soleil, comme rêverait de le fixer sur la pellicule le plus talentueux des éclairagistes.

— *Tutto bene*, maman ?
— Oui, ma fille. On est bien, non ?
— *Si, bene.*

Le lendemain matin, je suis réveillée par Annie qui arrive près de mon lit en déshabillé, complètement surexcitée. Je regarde ma montre : il n'est pas encore sept heures, et je suis dans le potage.

— Giulia, la télé de ma chambre ne marche pas. Je croyais que tu l'avais fait réparer.

— Mais si, elle marche ! Hier soir, tu l'as regardée.

— Viens voir, ce n'est pas « Télé-Matin »…

— Maman, on est en Italie ici, c'est la télévision italienne. On ne reçoit pas la télé française. Du moins, pas encore…

— À cette heure-ci, il y a « Télé-Matin ». Ne me raconte pas n'importe quoi ! Je ne suis pas folle ! « Télé-Matin » avec William Leymergie sur la 2. J'ai appuyé sur la 2 et ce n'est pas « Télé-Matin ».

— Non, c'est la deuxième chaîne italienne. Maman, on est en Sardaigne, voyons. Tu commences à m'inquiéter….

Ses yeux passent soudain de la colère à une espèce de vide. Puis, comme si la machine se remettait en marche, son regard redevient de velours et une lueur gaie brille à nouveau dans ses prunelles.

— Bon, qu'est-ce que je fais ici, moi ?

Elle regarde sa montre et sursaute.

— Il est à peine sept heures ! Je vais me recoucher. Pourquoi je me suis levée si tôt ? Tu m'as appelée, ma chérie ?

— Non, maman. C'est toi, tu voulais voir « Télé-Matin » et tu ne comprenais pas ce qu'il y avait à la télé.

— Tu es sotte, on est en Sardaigne ! Je sais très bien qu'ici on n'arrive pas à avoir les chaînes françaises…

C'est décidé, dès que nous rentrons à Paris, je prends rendez-vous chez le médecin. Mais quand rentrons-nous à Paris ? Je fais défiler l'agenda de maman dans ma tête. Il est plein comme toujours. Annie Girardot ne refuse jamais rien. Pas un gala de bienfaisance, ni une participation amicale dans un film ou un cocktail pour promouvoir un jeune réalisateur qui lui a fait les yeux doux. « J'ai eu beaucoup de chance dans ma vie professionnelle, m'explique-t-elle, je suis obligée de rendre un peu de ce que l'on m'a donné. » Et là-dessus, Annie croise les doigts et effectue un petit rituel pour éloigner le mauvais sort. Maman est très superstitieuse, comme sa mère et comme moi ! Notre truc, ce sont les chiffres. Elle m'a refilé le virus et je ne peux m'empêcher de calculer tout le temps pour vérifier s'il s'agit de nombres bénéfiques ou pas. J'ai beau en ricaner, je tombe dans le piège à chaque fois.

Car nous sommes cernés par les chiffres !

Tiens, je suis dans ma chambre aujourd'hui, le 17 juillet 1997. 17.07.1997... Trois 7, c'est un bon jour ! Mais si on additionne 17 + 7 + 97, cela donne 121 donc 1 + 2 + 1 = 4. Merde, le 4 est un mauvais chiffre. Maman déteste le 4 et ne prend jamais de rendez-vous professionnel ce jour-là.

Et je peux faire ça indéfiniment. Du zéro à l'infini, ce qui est justement la spécificité des nombres...

À ce compte-là, autant lire dans les étoiles !

Reprenons l'agenda. Nous avons une échéance importante à la rentrée. Maman part pour Montevideo, invitée par le gouvernement uruguayen pour un Festival international de théâtre. Annie doit donner pour la soirée de gala une représentation exceptionnelle de *Madame Marguerite*, un one woman show qu'elle a créé et interprété pendant plusieurs mois à Paris, en 1974, puis pendant des années dans le monde entier. Cette pièce de l'auteur brésilien Roberto Athayde semble avoir été écrite pour ma mère. Seule sur scène pendant près de deux heures, elle incarne une institutrice déjantée qui donne un « cours de vie » à ses petits élèves de classe de septième.

C'est un rôle fétiche pour Annie et une revanche sur les critiques qui, à l'époque, avaient dédaigné le spectacle, sans empêcher pour autant un énorme succès populaire dû au bouche à oreille. Depuis, les injonctions, les aphorismes et les coups de gueule de Madame Marguerite sont inscrits au répertoire classique des monologues, mais c'est Annie qui reste l'incarnation de cette « Margoton », comme elle l'appelle tendrement.

En prévision de cet événement, depuis que nous sommes en Sardaigne, Annie, le livre à la main, révise paresseusement sa *Madame Marguerite* en marchant de long en large, pestant pour que ça rentre. Ce n'est pas son habitude, de s'y prendre si tôt pour répéter une pièce...

J'ai toujours été fascinée, en effet, par la manière dont maman apprenait ses textes, au théâtre même, jamais avant. Pendant les répétitions, elle jouait la scène son script à la main. Cette pratique avait le don de rendre hystériques les metteurs en scène qui voyaient là, de la part de la Girardot, une inadmissible désinvolture. Ce à quoi elle répondait imperturbablement que pour elle, la meilleure façon de retenir son rôle, c'était de le jouer sur scène ! Comédienne d'instinct, elle avait besoin de se retrouver en situation pour se pénétrer de ce rôle et alors seulement, le texte pouvait couler de source.

Connaissant cette particularité de ma mère, je sais qu'elle pourra parfaitement restituer ce qu'a écrit l'auteur quand elle sera sur scène, sans avoir besoin de forcer sa mémoire. Aussi, quand je l'entends, dans la pièce à côté, buter sur une expression ou se taire brutalement, cherchant la musique du monologue, je ne m'inquiète pas outre mesure. Annie a simplement besoin de rafraîchir le souvenir d'une pièce qu'elle a dû jouer presque un millier de fois. Je me dis qu'au théâtre, les mots et les gestes vont se mettre en place et que la magie va opérer, transformant pendant deux heures des spectateurs d'âge mûr en jeunes écoliers qui écoutent sagement la maîtresse leur enseigner la vie.

Je me trompe.

*
* *

La réalité fut tout autre, en effet.

En arrivant à Montevideo, j'étais déjà beaucoup plus préoccupée. Visiblement, Annie ne savait pas son texte et avait beaucoup de difficulté à retrouver ses marques.

— Maman, tu n'as pas joué cette pièce depuis plus de vingt ans, comment veux-tu t'en souvenir sans aide ? Il faut que tu trouves une répétitrice et que tu travailles.

— Mais non ! Je n'en ai pas besoin. Tu verras, sur scène tout va me revenir.

J'étais de plus en plus inquiète pendant les répétitions. La mise en scène prévoyait que Madame Marguerite se promène devant sa chaire, écrive au tableau noir, danse, mime et même montre ses fesses aux spectateurs. Bref une mise en scène très tonique. Toutes choses qu'Annie ne pouvait plus faire de la même manière, avec vingt-trois ans de plus.

Je décidai d'organiser une petite supercherie.

— Il faudrait que tu restes plus longtemps derrière ton bureau. Je t'ai préparé ton texte, écrit très gros sur un cahier. Tu n'auras qu'à le lire si tu te trouves en difficulté. Il n'y a rien d'étonnant à ce qu'une maîtresse d'école ait un cahier ouvert devant elle.

— Mais non ! Tu dramatises tout, je suis parfaitement capable de me souvenir de ce texte. On en a fait d'autres...

— Mais maman, je te le répète, ce n'est pas choquant de voir une enseignante avec un cahier et si tu as un problème...

— Ah, ça suffit ! Je ferai Marguerite comme je l'ai toujours fait. Je l'ai dans la peau et je vous emmerde tous !

Il n'y avait rien à dire de plus. Je croisai les doigts en espérant que je me trompais et que la Girardote, comme disait mon père, allait une nouvelle fois rouler son public dans la farine.

Le ban et l'arrière-ban de la communauté française et des francophones en Uruguay s'étaient annoncés et les réceptions, les cocktails se succédaient. La pièce devenait un événement. Si bien que la veille de la représentation, je retrouvai Annie plongée frénétiquement dans son texte, essayant de l'apprendre par cœur. On aurait dit une collégienne la veille d'un cours de récitation. Elle m'avait pourtant toujours affirmé qu'il était très mauvais de tenter de retenir quelque chose juste avant le spectacle. Il fallait, assurait-elle, laisser reposer pendant trente-six heures en pensant et en faisant autre chose.

Là, elle y passa la nuit…

Le soir de la représentation, elle fait son entrée sous une ovation. Comme en 1974, lors de la création de la pièce, elle traîne un invraisemblable Caddie où elle trimballe ses cours, son Thermos, ses crayons et – on le découvre à la fin – un revolver.

J'ai un horrible pressentiment : « Elle va se planter, elle va se planter ! » Alors, pour tenter de conjurer le mauvais sort, je me suis cachée à l'arrière de la scène, sous les cintres, derrière le grand tableau noir, avec le manuscrit entre les mains. Une amie s'est installée, elle, devant la scène, pour pouvoir également lui souffler en cas de défaillance.

Le début de la représentation se déroule parfaitement, Annie a ravalé son trac et se lance dans son monologue sans problème. Au premier rang, l'ambassadeur de France et ses invités… Toute la salle rit de bon cœur, fascinée par la performance.

Et puis soudain, tout se met à dérailler. Je me suis un peu détendue et je ne m'en aperçois pas immédiatement : Annie est en train de supprimer de grands morceaux du texte. Elle enchaîne n'importe comment et bientôt ce qu'elle raconte n'a plus ni queue ni tête. Je ne peux pas lui souffler quoi que ce soit : ce n'est pas une simple absence, ce sont des pans entiers de la pièce qu'elle escamote comme s'ils s'étaient effacés de sa mémoire.

J'ai l'impression que les cintres me tombent sur la tête. Je suis là, assise tout près d'elle, derrière le tableau noir, et je la sens qui se met à paniquer et à répéter en boucle des bribes de phrases sans suite logique. Dans la salle, les spectateurs, stupéfaits, commencent à chuchoter entre eux.

Je lâche le manuscrit et m'allonge sur les planches de la scène les yeux fermés, complètement anéantie. La traductrice se précipite vers moi.

— Mon Dieu, Giulia, que se passe-t-il ?

— Je n'en sais rien. Elle a un problème…

— Que peut-on faire ?

En plus, nous sommes dans une situation absurde. Dans de pareils cas, on baisse le rideau ; mais le spectacle de *Madame Marguerite* se joue sur l'avant-scène, devant le rideau…

— Il faut éteindre les lumières !

La jeune femme demande alors aux techniciens de baisser l'éclairage. Annie, soudain, comprend. Elle déclame précipitamment les dernières répliques puis sort côté jardin, où je me trouve encore étendue par terre. Elle m'ignore, se jette dans les coulisses, s'affale sur l'enrouleur de la lance à incendie et se met à pleurer à gros bouillons.

Je m'approche d'elle.

Elle tourne son visage plein de larmes vers moi en disant :

— Je suis morte. Je suis morte.

Je me mords les lèvres pour ne pas me mettre à chialer moi aussi. Mais il faut que je réagisse, que je fasse semblant de ne pas voir son visage défait et tout son corps disloqué telle une marionnette dont on vient de couper les fils.

— Bon, je vais téléphoner à Artmédia[1] pour leur dire que tu es indisponible pendant un bout de temps. Il faut que tu te reposes…

---

1. Agent d'Annie Girardot.

Les organisateurs du Festival ont été très bien. Ils ont annoncé qu'Annie Girardot avait été victime d'un malaise sans gravité, mais qui l'avait obligée à interrompre son spectacle. Et pour lui permettre de se reposer, ils nous ont invitées quelques jours dans un palace de Punta del Este, la station balnéaire la plus chic de l'Uruguay.

Annie s'est vite remise de ce désastre, reprenant à son compte la fable que nous avions élaborée pour camoufler le fiasco.

Et c'est devant un club-sandwich, sur la terrasse de l'hôtel face à l'océan, que ma mère, désignant au loin les côtes de l'île aux Phoques, acheva de me désespérer.

— Regarde, Giulia. C'est le métro aérien. Le métro aérien là-bas, tu vois ? Je ne pensais pas qu'ils avaient le métro dans ce pays.

Je restai sans voix. Un grand frisson me parcourut. Je ne voulais pas mettre de mots sur les symptômes de la maladie qui, j'en étais sûre maintenant, allait emporter ma mère loin de nous, vers les sables mouvants et arides du désert d'Alzheimer.

Je jetai un coup d'œil à la copine qui partageait notre déjeuner. Elle avait plongé son nez dans son assiette. Ses épaules tressautaient convulsivement. Alors, je ne pus, moi non plus, me retenir. À défaut de larmes, j'éclatai d'un fou rire désespéré qui nous entraîna, mon amie et moi, dans un concert de hoquets irrépressibles, sous le regard étonné d'Annie.

— Qu'est-ce que j'ai dit de si drôle ?

II

Maman...

Les premiers souvenirs que je garde de ma mère ont tous un rapport avec le téléphone. Je crois que pour moi, avant d'être un visage, Annie fut d'abord une voix.

— Giulia, c'est ta maman !

Je courais vers le téléphone, abandonnant immédiatement toute activité, et m'emparais du combiné en fermant les yeux.

— *Pronto mamma !*

Je me régalais d'écouter ses mots en français, le son de sa belle voix grave à laquelle l'écho, provoqué par l'éloignement, donnait parfois une étrange intensité qui me faisait frissonner. Il y avait, mêlés, ce plaisir de l'entendre et cette angoisse de savoir qu'il faudrait raccrocher.

— Maman, t'arrives quand ?

Je connaissais toutes les réponses et j'attendais avec un petit pincement au cœur celle qui me serait donnée ce soir-là. « Bientôt, mon amour. » « Tu sais que maman travaille. Mais je pense si fort à toi que c'est comme si j'étais à côté ! » « J'ai tellement hâte d'être avec toi que tu ne verras pas le temps passer », « Tu me manques, tu sais »...

Puis elle changeait rapidement de sujet pour éloigner ce moment pénible, me demandant ce que je faisais à l'école, si j'étais allée me baigner ou si j'étais gentille avec ma gouvernante. Questions auxquelles je répondais poliment, mais le désespoir au cœur : je savais que de toute façon, elle ne viendrait pas.

Il y avait bien longtemps que je ne pleurnichais plus au téléphone pour la supplier de prendre l'avion. Je savais que c'était inutile et que cette attitude la pousserait à abréger la communication. Aussi donnais-je une foultitude de détails sur la médiocre banalité de ma vie de petite fille. Je l'écoutais ensuite me raconter son travail et les péripéties de ses tournages, me décrire les lieux magnifiques et les endroits formidables où elle se trouvait. Cela se terminait inévitablement par ces mots :

— Giulia, il faudra absolument que tu voies ça !

Et je ne pouvais pas m'empêcher de répondre :

— Quand, maman ?

— Bientôt, je t'ai dit.

Et là, perçait dans sa voix la petite pointe d'impatience et d'agacement qui annonçait la fin de la conversation.

— Bien, maman doit raccrocher. On m'attend sur le plateau. Je t'embrasse très très fort, ma Giulia. Très fort.

Et je restais le combiné collé à mon oreille, écoutant l'espèce de tuut-tuut-tuut-tuut qui était devenu, pour moi, le son du chagrin.

*
* *

Je suis née un 4 juillet. Le 4 juillet 1962.

Ce jour-là, maman était à Rome dans la maison que mon père avait achetée, via della Tribuna di Campitelli, près du théâtre Marcello.

Papa tournait à Nice le film d'André Cayatte, *Le Glaive et la Balance*. Ils s'étaient connus deux ans auparavant pendant le tournage du film culte de Luchino Visconti, *Rocco et ses frères*. Une véritable histoire d'amour avait démarré entre le play-boy italien et la comédienne *francese*.

On ne garde évidemment pas de souvenirs de sa naissance, en revanche j'ai pu grappiller de-ci de-là quelques morceaux du puzzle, ce qui m'a permis de reconstituer ce que fut ce jour mémorable... et même les circonstances qui aboutirent à cet heureux événement.

Je fus conçue à Los Angeles lors du tournage de *Smog*, un film de Franco Rossi – une sombre histoire d'émigrés italiens tournée sur la côte ouest des États-Unis –, inédit en France, et dont Annie garda toujours un souvenir attendri.

C'est à son retour que maman s'aperçut qu'elle était enceinte. Elle tournait, à La Rochelle, un film de Denys de La Patellière, *Le Bateau d'Émile*[1].

Dans le ventre de ma mère, ma vie ressemblait déjà à l'annuaire de *Ciné-Revue*.

Maman ne s'attendait certainement pas à « tomber enceinte » à trente ans. Elle pensait être à l'abri de ce genre d'aventure depuis que quelques années auparavant – elle jouait *Mademoiselle* au Conservatoire – elle avait été victime d'une grave infection à la suite d'un avortement bâclé. Une histoire assez glauque avait accompagné cette interruption de grossesse : ma grand-mère avait recueilli le minuscule fœtus pour le mettre dans un flacon qu'elle gardait dans sa table de nuit. Pourquoi ? Mystère. Superstition ? Secrets de femmes ? Je ne l'ai jamais su.

Maman m'a toujours affirmé qu'elle avait considéré cette grossesse inespérée comme un signe du destin et qu'elle avait aussitôt décidé de garder cet enfant. Une seule angoisse, toutefois. Comment son Renato allait-il accueillir la nouvelle ? Il était

---

1. Malgré une distribution prestigieuse (Annie Girardot, Pierre Brasseur, Lino Ventura et Michel Simon), ce bateau ne voguera pas bien loin.

toujours aux États-Unis et Annie préféra lui envoyer un télégramme plutôt que de l'affronter de vive voix au téléphone.

« *Aspetto un bambino franco-italiano-americano* », lui télégraphia-t-elle, l'inquiétude au cœur.

Renato fut parfait et l'assura de sa joie et de sa tendresse.

Pourtant, à partir de ce jour-là, il ne la toucha plus pendant des mois.

Je me suis souvent interrogée sur les raisons qui avaient poussé maman et papa à avoir un enfant ensemble. Je crois qu'ils n'avaient jamais envisagé une pareille possibilité et que, mis devant le fait accompli, ils avaient plutôt accepté la situation, l'un et l'autre refusant, pour des raisons différentes, de s'opposer au destin.

Maman continua à tourner alors qu'elle était enceinte. Il est vrai que cela ne se voyait pas et il fallut qu'elle l'annonce à ses partenaires et à ses camarades pour que cela se sache. Elle garda un ventre quasiment plat pendant toute la durée de sa grossesse. Tant et si bien que lorsqu'elle arriva à la clinique après avoir failli accoucher dans le taxi, les bonnes sœurs voulurent la renvoyer, lui assurant que ce n'était pas pour tout de suite.

Quant à mon père, l'idée d'avoir un enfant ne le traumatisait pas outre mesure. Les machos italiens – contrairement aux machos français – aiment les enfants et n'hésitent pas à les reconnaître, c'est une preuve de virilité.

En réalité, un problème délicat se posait à mes parents : mariage ou pas mariage ? Et pour comprendre leurs motivations profondes, il faut faire une petite incursion dans l'archéologie familiale et aller triturer dans la petite enfance et l'inconscient de papa et de maman. Oh, il ne faut pas gratter bien loin ni être grand psychologue pour recueillir quelques pistes et avoir suffisamment d'explications.

*
* *

Maman et son frère Jean – dit « Jeannot » – étaient l'un et l'autre nés d'une mère célibataire et d'un même père inconnu. À l'époque, on appelait ce genre d'enfants des bâtards. Leur mère, Raymonde Girardot, que tout le monde appelle Maggi depuis que, fillette, je l'ai baptisée ainsi, était une petite femme solide et résolue. Elle avait été la maîtresse d'un homme marié sur lequel elle jeta, pendant tout le reste de son existence, un voile opaque. « Nanie » et « Jeannot » ne connurent jamais leur père, qui mourut alors qu'Annie n'avait qu'un an et demi et Jeannot cinq de plus.

Maman, comme tous les enfants de père inconnu, s'était raconté toute une histoire sur cet être mystérieux, et eut tout au long de sa vie beaucoup de mal à faire la part entre la vérité et le roman qu'elle s'était inventé. Aussi n'ai-je de ce grand-père qu'une biographie incertaine, aussi mitée qu'une vieille couverture.

Il s'appelait Auguste et aurait été juif et alsacien, bien que maman en fît parfois un Belge. Très marié, ce monsieur n'a jamais voulu quitter ni sa femme ni sa progéniture « officielle » pour épouser ma grand-mère, qui dès lors fut réduite au rôle de « backstreet ». Il ne reconnut pas davantage ses enfants naturels qui gardèrent le nom de Girardot.

Raymonde-Maggi n'était peut-être qu'une petite secrétaire mais c'était aussi une femme de caractère. Elle décida alors de prendre sa vie en main et, afin de nourrir ses deux petits bâtards – qui allaient d'ailleurs bientôt devenir orphelins –, entama des études pour passer un diplôme de sage-femme. L'une des rares professions facilement accessibles à la gent féminine avant guerre.

Ma grand-mère resta toujours très discrète sur les efforts qu'elle avait dû fournir pour effectuer cette reconversion professionnelle et sur ce qu'il lui en avait coûté sur le plan affectif. Elle fut en effet contrainte de se séparer de ses deux bambins pendant la durée de ses études. Jeannot alla en pension et Annie fut placée à Paris chez un couple d'amis sans enfant. Elle garda plutôt un bon souvenir de ces quatre années, bien qu'une anecdote, qu'elle m'a racontée un jour, m'ait littéralement terrifiée. Le couple qui s'occupait d'elle avait pris l'habitude, avant de dîner, de demander à ma mère de baiser le manche d'un gros martinet noir en lui faisant promettre d'être gentille et obéissante. Les vertus pédagogiques de ce rite étrange devaient être efficaces puisque Annie ne leur donna jamais l'occasion de se servir de cet instrument.

Ses études terminées, ma grand-mère fonda près de Caen, avec une poignée de sages-femmes et d'infirmières, une maternité dépendant de l'Assistance publique. C'est là, dans une aile du château de Bénouville, que venaient accoucher les femmes et les jeunes filles qui avaient l'intention d'abandonner leur bébé à la naissance pour le remettre à l'orphelinat. On peut imaginer dans quelle détresse se trouvaient ces femmes et les raisons personnelles pour lesquelles Maggi s'intéressait à leur sort et à celui de ces enfants. Elle avait pu récupérer les siens par dérogation spéciale, aussi ma mère et mon oncle furent-ils élevés avec les petits orphelins de la maternité.

Plus d'une centaine de bébés naissaient ainsi chaque année dans ce nichoir où des « petites mamans » s'occupaient de ces nouveau-nés pendant quelques mois avant de les confier à l'Assistance publique pour qu'ils soient placés dans des foyers. Ma grand-mère avait eu l'idée originale d'organiser une « fête des mamans » dans cet orphelinat où elles manquaient cruellement. Cette fête, à laquelle participait tout le personnel de l'établissement au cours d'un petit spectacle, était l'occasion d'honorer toutes ces mamans qui se substituaient aux mères biologiques. C'était pendant l'Occupation, et le maréchal Pétain, chef de l'État français, eut vent, paraît-il, de cette coutume. L'idée – qui servait sa politique Travail-Famille-Patrie – lui plut et il décida d'en faire une fête nationale, rendant ainsi hommage, publiquement, à « Raymonde Girardot, sage-femme en chef à la maternité de Bénouville ».

*
* *

Les liens fusionnels qui existaient entre ma mère et ma grand-mère se trouvèrent renforcés par un épisode qui s'imprima dans la mémoire d'Annie, comme marqué au fer. Je pense même que le dernier souvenir qu'elle gardera sera celui-là, celui de l'exode.

Ma grand-mère habitait alors une petite maison à Mondeville, à côté de Caen. Dans la nuit du 5 au 6 juin 1944, elle se réveille avec l'impression que le ciel lui tombe sur la tête. C'est précisément le cas, puisqu'une formidable armada de bombardiers et de chasseurs alliés a commencé à pilonner la ville, plongeant ses habitants dans une terreur incontrôlable. Rien à voir avec les bombardements ponctuels qui embrasent depuis des mois des objectifs militaires. Cette fois-ci, les Alliés détruisent systématiquement toute la cité pour que les Allemands ne puissent pas s'y retrancher après le débarquement.

Il ne faut pas longtemps à Maggi pour comprendre que le raz de marée de feu et d'acier qui va déferler sur la Normandie ne fera pas la différence entre les soldats allemands et les civils français. Elle n'a pas besoin de réveiller Nanie et Jeannot qui se sont réfugiés dans la cuisine en tremblant de peur, pendant que leur mère entasse dans un sac tout ce qu'elle peut attraper de chaud et de comestible. Nanie et Jeannot, encore engourdis, sursautent à chaque explosion. Des dépôts de munitions, des réserves de carburant dissimulées dans les villages et les banlieues sont la cible des avions qui déversent sans relâche leur lot de bombes sur des entrepôts, certes, mais aussi sur des êtres vivants.

Maggi vérifie une dernière fois les instruments de son art soigneusement rangés dans une serviette, y rajoute des compresses et des désinfectants. Puis, avec ses deux enfants, elle quitte la maison en plein milieu de la nuit, ferme soigneusement la porte, laissant là les vestiges d'une vie qu'elle a péniblement construite, à la grâce de Dieu.

Ils sont déjà des centaines, par petits groupes, à se hâter en direction des falaises de Caen. On y voit presque comme en plein jour : les explosions ininterrompues éclairent le ciel, les projecteurs recherchent les avions, les chapelets de munitions de DCA déchirent la nuit tels des points de suspension. Une fumée lourde et épaisse s'élève au-dessus de la ville et tend un écran noir où se reflètent des flammes et des ombres géantes. Soudain, l'air semble se froisser. D'énormes obus de marine s'abattent sur les ruines encore debout, jetant à bas les clochers des églises, s'enfonçant dans le sol pour exploser au milieu des caves transformées en abris, dispersant au loin leurs éclats ardents comme des gouttes de métal en fusion.

Les anciennes carrières de pierre creusées au pied des falaises de calcaire deviennent un havre miraculeux pour les réfugiés. Ils s'enfoncent dans les galeries noires et douces comme dans un giron protecteur. Des familles entières, traînant des carrioles ou poussant des vélos surchargés, se précipitent dans ce refuge pour y trouver la sécurité, comme l'avaient fait leurs aïeux, des millénaires avant eux. Dans ces grottes artificielles, la vie s'organise comme aux premiers âges et tous ces êtres en détresse retrouvent les gestes ancestraux pour se nourrir, dormir, survivre.

Le matin, les hommes partent à « la chasse aux vaches », tuées pendant la nuit par les bombardements. Leurs carcasses sont ensuite découpées et bouillies dans de grandes lessiveuses chauffées au feu de bois devant l'entrée des carrières. Puis la viande est répartie fraternellement entre toutes les familles. Pendant la journée, les femmes font la lessive et tâchent de garder propre leur petit morceau de grotte. La nuit, les gens dorment à même le sol, enveloppés dans des couvertures et serrés les uns contre les autres pour se donner un peu de chaleur. Quelques couples font l'amour en silence et leurs silhouettes, éclairées par les bougies et les lampes-tempête, dessinent sur les parois de tendres arabesques. On meurt aussi, ici, entre deux draps dressés dans un murmure de prières, de gémissements et de derniers soupirs.

Mais on y naît également.

Dans les grottes de Colombelles, plusieurs bébés vinrent au monde entre les mains douces et expertes de Maggi.

C'était souvent en pleine nuit. Un homme, venant d'une autre carrière refuge et portant une lanterne, se présentait en soufflant devant l'entrée de la galerie.

— On a besoin de la sage-femme ! C'est bien là ?

Un murmure parcourait alors la grotte, léger, comme un vent sur du blé vert : « C'est pour madame Girardot, la sage-femme. Madame Girardot... faites passer ! On a besoin d'elle ! » Le message arrivait jusqu'à ma grand-mère, elle se levait doucement pour éviter de réveiller ses enfants, allongés à ses côtés. Jeannot dormait profondément, mais Nanie, toujours inquiète, avait le sommeil léger. Pendant que Maggi se coiffait et passait un peu d'eau sur son visage, Annie suppliait.

— Maman, emmène-moi avec toi ! Je pourrais t'aider...

— Bon, viens, mais ne réveille pas ton frère. Si cela dure trop longtemps, tu dormiras là-bas. Tu me promets ?

Maggi prenait sa sacoche et sa lanterne au phosphore qui donnait une lumière vive, puis enjambait précautionneusement les corps allongés, tenant Annie par la main.

À l'entrée de la grotte, l'homme s'impatientait. « Alors elle arrive cette sage-femme ? » Ma grand-mère, sans se démonter, lui emboîtait le pas.

— Depuis combien de temps a-t-elle perdu les eaux ?

— Ça fait bien une heure ! Je ne savais pas dans quelle grotte vous étiez. J'ai dû demander.

— Ne vous inquiétez pas. Tout va bien se passer. Vous êtes le père ?

— Non, je suis un voisin. C'est ma femme qui m'a envoyé.

— C'est le premier enfant de cette dame ?

— Non, elle en a déjà deux.

— Bien ! Ce sera plus facile, elle connaît la musique. Son mari est avec elle ?

— Non, il travaille à l'usine de Caen. On est sans nouvelles depuis deux jours.

Dans la grotte où la future maman commençait le travail, les femmes avaient éloigné de sa couche les enfants et les hommes. Dehors, on avait fait du feu pour faire chauffer de l'eau. Une atmosphère particulière régnait en ces lieux. Plus personne ne dormait et de petits groupes s'étaient rassemblés devant l'entrée. Au loin, le ciel se teintait des couleurs des explosions, dont on entendait le bruit étouffé quelques minutes plus tard. Indifférents à toute cette agitation, les criquets appelaient leurs criquettes dans la tiédeur de la nuit.

Un murmure respectueux accueillait ma grand-mère qui d'un pas décidé se dirigeait vers sa patiente.

— Pouvez-vous tendre des couvertures, je vais l'examiner.

Annie empoignait aussitôt une couverture et, aidée des autres femmes, construisait un rempart autour de la parturiente. L'examen terminé, on offrait du faux café à ma grand-mère et des biscuits à sa fillette pendant que la future maman poussait de petits gémissements, se retenant de crier devant tant de monde.

Étrangement, les naissances se passaient sans complications, comme si l'urgence et le dénuement dans lesquels se trouvaient tous ces gens immunisaient les mères et leur bébé.

Et lorsque enfin l'enfant apparaissait, les hommes exprimaient maladroitement leur immense soulagement et une joie sincère avec de grandes claques dans le dos et de gros rires de contentement. Maggi, exténuée, recevait les remerciements avec un sourire et refusait d'être payée. Quelquefois, en gage de reconnaissance, la maman assurait que son enfant porterait le prénom de celle qui avait contribué à le mettre au monde.

De cette époque, outre une addiction à sa mère, Annie hérita d'une phobie des avions qui la poursuivit toute sa vie. Pour l'avoir maintes fois accompagnée, je sais combien prendre un avion avec elle relevait du parcours du combattant : dès son arrivée à l'aéroport, elle s'ingéniait à trouver toutes les manières de rater son départ. Elle avait le chic pour se perdre dans les couloirs les mieux balisés, disparaître dans les toilettes pour dames ou devenir sourde aux appels répétés du haut-parleur qui la pressait de rejoindre la porte d'embarquement. Je ne respirais que lorsqu'elle se trouvait sanglée à sa place, en surveillant tout de même la quantité de champagne qu'elle était capable d'ingurgiter pour se calmer. Avec l'âge, ce travers ne fit que se renforcer.

Après plus d'un mois passé dans les grottes de Caen, les réfugiés furent expulsés à la mi-juillet 1944 par les troupes allemandes qui voulaient récupérer ces abris naturels afin d'y mettre en sûreté leur matériel. Les civils ne disposèrent que de trois heures pour quitter leur refuge et huit mille personnes furent ainsi jetées sur les routes, ne sachant où aller, leurs maisons et leurs appartements étant pour la plupart situés en plein champ de bataille.

Ma grand-mère décida de prendre la route de Paris, misant sur le fait qu'elle avait plus de chances de trouver un emploi dans la capitale qu'à la campagne. En outre, elle y avait encore sa propre mère et des amis qui, espérait-elle, pourraient l'aider. Poussant leurs bicyclettes surchargées de ballots de vêtements et de nourriture, Maggi et ses enfants entamèrent leur longue marche…

Ils n'étaient pas les seuls. Des milliers de réfugiés, fuyant les combats, avaient eu la même idée. Ils ignoraient cependant qu'ils se trouvaient à la fois sur le chemin des troupes alliées qui arrivaient des plages du débarquement et sur celui des divisions blindées allemandes qui convergeaient vers la côte normande. L'exode de 1944, moins connu que celui de 1940, fut d'autant plus meurtrier que les réfugiés étaient pris entre deux feux.

Ce fut le cas de ma famille. Bloqués sur la route par les tirs de barrage de l'artillerie allemande, Maggi, Jeannot et Annie durent également subir les mitraillages des chasseurs alliés. Ma mère, cachée dans un fossé, vit très nettement le visage des pilotes d'un avion, un Blanc et un Noir, qui arrosaient en rase-mottes le chemin qu'elle avait emprunté, faisant exploser les véhicules, hachant les maigres bagages des réfugiés et tuant ou blessant ceux qui ne s'étaient pas jetés de côté. Ce souvenir terrifiant, auquel se superposa celui d'avoir perdu son vélo et toutes ses petites affaires, la marqua définitivement. Pendant longtemps, elle se jeta par terre ou fila à la cave chaque fois qu'elle entendait le simple bruit d'un moteur d'avion.

Il fallut attendre la libération de Paris pour que ma grand-mère puisse rejoindre la capitale après un périple de plusieurs mois qui la mena d'abord dans le centre de la France, à Châteauroux, dans un camp militaire transformé en centre de regroupement. Puis Maggi, qui continuait d'exercer son métier de sage-femme « itinérante », trouva refuge dans une ferme à côté de la ville du Blanc, au bord de la Creuse. Ce fut pour Nanie et Jeannot une période de grandes vacances qui leur permit de se refaire une santé grâce aux produits du terroir. Annie apprit aussi à garder les chèvres et à traire les vaches, activités dont elle se glorifiera toute sa vie !

*
* *

Le mystère de ses origines constituait un gros problème pour cette petite fille. Maggi refusait d'en dire plus que le prénom sur ce père inconnu. Jeannot, bien que plus vieux que sa sœur, n'en savait pas davantage. Je ne pense pas que ça l'intéressait beaucoup, d'ailleurs. Il s'était installé dans le rôle de l'homme de la famille. Il avait naturellement endossé les vêtements de ce père dont la mort avait, en quelque sorte, expliqué l'absence. À une époque où beaucoup d'hommes avaient disparu, celle d'Auguste n'étonnait personne.

Annie questionna souvent sa mère sans récolter autre chose que des réponses évasives. Maggi avait fait, semblait-il, une croix définitive sur cet homme. Pas aussi radicalement qu'on pourrait le croire, néanmoins, puisqu'un jour en rangeant des photos, Annie tomba sur le portrait en noir et blanc d'un homme jeune au regard clair, la lèvre barrée d'une petite moustache.

Les versions, qui varient selon les récits de ma grand-mère ou de maman, ne situent pas très précisément le lieu et le moment de cet événement. Il est assez courant que la révélation des secrets de famille soit enveloppée dans le même brouillard que celui qui les a dissimulés jusque-là.

— C'est papa, là, sur la photo ?

Ma grand-mère tenta de reprendre son bien en noyant le poisson, mais sa gêne et son impatience étaient déjà un aveu.

— Rends-moi ça, c'est une vieille photo que je garde dans mon portefeuille.

— C'est papa, j'en suis sûre !

Annie était très excitée et dévorait le portrait des yeux.

— Je veux savoir son nom.

— Auguste. Je te l'ai déjà dit.

— Son nom complet !

Ma grand-mère se faisait tirer l'oreille...

— J'ai le droit de savoir ! Dis-moi son nom !

— Il s'appelait Auguste, c'est tout. Ça t'avancerait à quoi de savoir son nom ?

— Est-ce qu'il est vraiment mort ?

— Mais oui. Je vous ai emmenés le voir, une fois. Tu ne t'en souviens pas ?

Ma mère ne pouvait pas garder de souvenir de cette unique rencontre, elle n'était encore qu'un bébé.

Le roman familial rapporte que cet homme, sur son lit de mort, voulut dire adieu à sa seconde famille. Ma grand-mère et ses deux enfants en bas âge furent autorisés à le voir brièvement dans sa chambre d'hôpital... en passant par la porte de service.

Longtemps, je me suis imaginé cette scène à la manière de ces gravures réalistes du début du XXe siècle qui illustraient des scènes dramatiques. Je voyais assez bien un noble vieillard – que j'affublais d'une moustache blanche – se lever à demi de son lit de douleur en tendant la main une dernière fois vers une femme qui pleurait dans son fichu, une petite fille dans ses bras et un garçonnet effrayé dans ses amples jupes. Je pimentais ce tableau en faisant apparaître le visage sévère de l'épouse qui surveillait la scène par la porte entrebâillée.

— Avait-il des enfants ?
— Oui, il en avait trois...
— Alors j'ai des demi-frères et sœurs ?
— Oui, mais ils ne le savent vraisemblablement pas.
— De quelle couleur étaient ses yeux ?
— Bleus. Bon, si on parlait d'autre chose ? Rends-moi cette photo. Cela ne sert à rien de remuer ces vieilles histoires.

Pour ma mère, il en était tout autrement. Une fois, alors que, pour une raison ou une autre – futile certainement –, je me plaignais de Renato, mon père, elle me dit avec une sorte de douleur dans le sourire :
— Tu ne sais pas la chance que tu as d'avoir un père ! Le mien m'a tellement manqué... Je l'ai tant appelé à travers le monde pour savoir s'il m'aimait et si je lui ressemblais... Tu ne sais pas combien j'ai

creusé dans mes souvenirs afin de retrouver quelque part dans ma mémoire de petite fille l'odeur de son souffle, la qualité de son toucher, la nuance de ses yeux bleus et jusqu'au picotement de sa moustache lorsqu'il m'avait embrassée. Cette unique fois, avant sa mort.

— Et tu t'es souvenue ?

— Jamais. Et ça m'a manqué à en crever !

Depuis, j'ai réalisé quel avait dû être le bonheur de maman en découvrant qu'elle était enceinte et son angoisse en attendant la réponse de Renato. Oui, elle avait raison : je ne mesurais pas la chance que j'avais d'avoir un « vrai » papa.

III

Du côté de chez mon père

Mon père...

Au moment où je dois parler de lui, je me mets à trembler, comme s'il allait lire par-dessus mon épaule et me demander avec sa voix grave et cette petite moue dédaigneuse pleine de suspicion :

— *Che fai, Giulia ?*

— Je fais mes devoirs, papa.

Et lui d'exiger d'un ton ferme, dans sa langue maternelle :

— Parle italien quand tu t'adresses à ton père, Giulia. Je ne veux pas que tu me parles en français !

— Oui, papa. Mais je fais mes devoirs de français... C'est pour ça que...

— Ne me contrarie pas, Giulia.

— *Si, papa.*

J'ai passé la plus grande partie de ma vie à craindre mon père et à l'adorer. Il était la quintessence du mâle italien, macho, chauvin, ténébreux, séduisant, charmeur et parfaitement odieux. Mais j'étais folle de lui.

Maman aussi le craignait et l'adorait. Leur histoire était si intimement liée au cinéma qu'on aurait pu croire qu'elle avait été écrite par un scénariste de Cinecittà. Quant au metteur en scène, ce n'était rien de moins que Luchino Visconti.

Luchino avait repéré Annie – et le Maestro se trompait rarement – alors qu'elle était pensionnaire de la

Comédie-Française, sous le nom d'Annie Girard. On était en 1957. Il montait à Paris, au théâtre des Ambassadeurs, *Deux sur la balançoire*. Il avait déjà engagé Jean Marais, et sollicité Jeanne Moreau pour le rôle féminin. Celle-ci, qui avait eu une autre proposition, s'était désistée, ce qui avait décidé Visconti à donner sa chance à ma mère. Maman a toujours été extrêmement impressionnée par Visconti qu'elle n'a jamais cessé de vouvoyer, elle qui avait plutôt le tutoiement facile. Mais Visconti n'intimidait pas seulement les comédiennes, les hommes aussi subissaient son ascendant et son énorme pouvoir de séduction.

Beaucoup y succombèrent.

La pièce eut un énorme succès, Jean Marais et Annie Girardot restèrent à l'affiche de longs mois. Visconti était reparti pour Rome où il préparait un nouveau film. Une histoire âpre, qui racontait l'installation à Milan d'une famille fuyant l'extrême pauvreté de la Calabre, *Rocco et ses frères*. À travers le parcours de quatre frères, ce film offre une peinture de la déflagration brutale vécue par ce peuple du Sud aux fortes traditions paysannes, confronté, après guerre, aux nouvelles mœurs et à la cruauté des agglomérations urbaines du Nord.

Pour interpréter le beau et séduisant Rocco, Visconti avait choisi Alain Delon ; pour jouer le rôle de Simone, le frère ténébreux et violent, Renato Salvatori. Et ce fut à Annie Girardot qu'il décida de confier le rôle dramatique de Nadia, une jeune femme facile et cynique que se disputent les deux frères. Et qui meurt poignardée par Simone, celui qu'elle a repoussé, et qui l'a violée.

Pour Annie, jusqu'alors plutôt rangée dans la catégorie soubrette, ce rôle paraissait bien lourd à porter. Mais l'ascendant moral et professionnel de Visconti était tel qu'elle ne pouvait refuser son offre. D'autant que, elle en était persuadée, son tempérament de comédienne lui permettait de se couler dans n'importe quel personnage.

Cette faculté, Jean Cocteau l'avait déjà bien sentie, lui qui en 1956 avait choisi Annie pour jouer Margot dans sa pièce *La Machine à écrire*, qu'il avait montée au théâtre de l'Odéon. En la comparant à Réjane et en déclarant publiquement qu'elle avait « le plus beau tempérament dramatique de l'après-guerre », Cocteau avait mis la barre bien haut pour la jeune pensionnaire de la Comédie-Française.

Ce choix avait d'ailleurs provoqué des remous dans la vieille Maison, dont Annie allait ressentir douloureusement les effets. La morgue et le scepticisme de la direction du Français ne furent pas étrangers à sa décision de refuser de devenir sociétaire lorsqu'on le lui proposa, l'année suivante. Le choix de Cocteau s'étant révélé juste, Annie avait demandé à rester pensionnaire, ce qui l'autorisait à plus d'indépendance dans son travail. Mais devant l'intransigeance de la direction – la promotion ou la porte – elle préféra démissionner.

Luchino Visconti lui ouvrit alors véritablement les routes de la liberté en lui offrant de donner la pleine mesure de son talent.

Elle lui en gardera une gratitude éternelle.

À cette époque, mon père, lui, avait déjà une carrière cinématographique bien affirmée en Italie. Contrairement à maman qui avait commencé par le théâtre et le Conservatoire, papa avait été découvert dix ans auparavant par le cinéaste italien Luciano Emmer sur la plage de Forte dei Marmi, où Renato faisait office de maître nageur-plagiste. Inutile de préciser que ce ne furent pas ses qualités d'acteur qui arrêtèrent a priori Emmer, mais sa belle petite gueule de frappe et son physique de play-boy latin. Après quelques essais, pourtant, Renato se révéla un comédien d'instinct et Emmer l'engagea dans son film dont le titre, *Le Ragazze di piazza di Spagna*, est bien plus joli qu'en français, *Les Amants de Rome*.

Le succès fut immédiat et Renato entama aussitôt une carrière prometteuse de jeune premier en enchaînant les rôles. Un seul problème : son fort accent toscan. Alors Renato se contentait de remuer les lèvres en jouant ses scènes, et il était doublé par un autre acteur.

Petite fille, cela m'étonnait : « Mon papa ne parle pas comme ça… », et j'imitais son accent de Toscane en roulant les « rrrr » au fond de ma gorge.

Peu à peu, son accent toscan disparut, mais au profit de l'accent romain, ce qui n'était pas mieux ! De sorte que toute sa vie, mon père fut doublé – en italien – par le même comédien, afin de ne pas dérouter les spectateurs. Cela m'a beaucoup attristée, après sa mort, quand j'essayais de le retrouver à travers ses films. C'étaient son visage, son sourire, ses gestes, sa présence, mais avec la voix d'un autre.

Sa voix avait disparu avec lui.

Heureusement, il y eut une exception : *Armaguedon*, d'Alain Jessua, avec Jean Yanne et Alain Delon. Là, on le laissa parler comme il avait l'habitude de le faire et, ma foi, ça passait très bien.

Et pour moi, ce fut l'occasion de conserver un souvenir intact de mon père.

Très vite, on commença à proposer à Renato autre chose que des rôles romantico-sentimentaux, et de jeunes metteurs en scène talentueux pensèrent à lui confier des personnages plus denses. Ils avaient pour nom Dino Risi, Luigi Comencini, Mario Monicelli, Francesco Rosi, Vittorio De Sica ou Roberto Rossellini… La fine fleur du cinéma italien était en train d'exploser à la face du monde, dans la démesure, à l'image des studios de Cinecittà, où des légions de figurants dans des décors de péplum déments côtoyaient le tournage précieux de films intimistes en noir et blanc.

Mon père tourna ainsi entre 1952 et 1960 une trentaine de films[1] en Italie et en France, surfant avec bonheur sur les œuvres de ces réalisateurs d'exception qui déferlaient sur l'Europe. Issu d'une famille modeste, il accueillit cette notoriété et l'argent qui allait avec – et lui semblait inépuisable – avec l'arrogance et l'insouciance d'un *italian lover* dont les camarades de jeu s'appelaient Vittorio Gassman, Marcello Mastroianni ou Claudia Cardinale...

C'est à cette époque qu'il fit l'acquisition d'une haute maison dans le centre de Rome. Il s'agissait en fait d'un petit immeuble de cinq étages assez étroit, qui ne comportait pas plus de deux pièces à chaque niveau. Une grande terrasse sur le toit couronnait l'édifice. Mon père avait craqué pour cette maison parce que cette configuration lui permettait d'abriter toute sa tribu.

Renato était aussi généreux qu'il était panier percé.

*
* *

Dans la tribu Salvatori, il y avait d'abord mes grands-parents.

Je n'ai pas connu ma grand-mère paternelle dont je porte le prénom, Giulia. Je l'ai toujours beaucoup regretté car tous les témoignages qui la concernent font le portrait d'une femme extraordinaire. Elle était originaire d'une ancienne famille juive établie depuis deux siècles en Toscane et avait rencontré

---

1. Ma mère, elle, avait déjà joué dans une trentaine de pièces du théâtre classique et du boulevard et tenu un rôle dans une dizaine de films.

Pietro, mon grand-père, lors d'une de ces fêtes des moissons où les jeunes gens, un foulard rouge autour du cou, s'enivrent de l'odeur du foin et de la fraîcheur du vin mousseux.

Elle était jeune fille, lui était tailleur de pierres, et très entreprenant... Ils furent bien obligés de se marier dans la foulée. Comme une grande partie des hommes de cette région, mon grand-père travaillait dans les carrières de marbre de Carrare. Lorsque j'étais petite, j'aimais qu'il me raconte son métier de carrier. Il se faisait toujours un peu prier.

— Tu es une fille, pourquoi t'intéresses-tu à ces vieilles histoires de misère ?

— *Si*, *Nonno*, raconte-moi comment tu descendais les blocs de la montagne. Raconte-moi la *lizzatura*.

Alors Pietro levait ses yeux délavés vers le plafond. Avec une voix sourde, qui résonnait dans sa poitrine crépie par la poussière du marbre, il entamait le dur récit du *trasporto di marmi*.

— La montagne était tellement blanche que, lorsque le soleil tapait dessus, on était ébloui comme quand on regarde un glacier. D'en bas, c'était à la fois terrible et magnifique. Sur ce mur de marbre blanc, on apercevait des hommes suspendus par des cordes qui se balançaient comme des araignées au bout d'un fil. Les *techiaioli*. Ils étaient chargés de débarrasser la surface érodée du marbre en tapant dessus avec une masse. Tout le monde souffrait sur la carrière, mais les « singes », comme on les appelait, avaient le travail le plus pénible entre ciel et terre, brûlés par le soleil et la réverbération, menacés par la chute des pierres. Plus d'un est redescendu dans la vallée porté sur les épaules de ses camarades, enveloppé dans une bâche, les pieds devant. On arrêtait le travail pour le regarder passer. Certains faisaient le signe de croix, d'autres retiraient leur foulard de la tête et s'épongeaient le visage sans un mot.

46

— Et quand les singes avaient tout nettoyé, qu'est-ce que tu faisais ?

— Lorsque la paroi était bien propre, c'était au tour des artificiers de monter pour placer la dynamite. L'installation prenait des jours, il fallait creuser des trous dans la roche avec les barres à mine, enfiler les bâtons de dynamite puis dérouler des kilomètres de cordeau pour que tout explose en même temps. Le jour de la *varata*, tous les ouvriers se rassemblaient pour assister à l'explosion. Cela commençait comme un tremblement de terre, puis la montagne semblait se boursoufler et des pans entiers de la paroi s'écroulaient lentement. D'énormes blocs se détachaient et tombaient, entraînant des fragments plus petits dans un nuage de poussière blanche qui emplissait la vallée comme une avalanche minérale, pesante et terrifiante.

» Avant de descendre les blocs dans la vallée, il fallait leur donner une forme cubique pour pouvoir les transporter plus facilement. Lorsque j'ai débuté, on les découpait encore à la scie et les *riquadratori* terminaient le travail au marteau et au burin. Ensuite les ingénieurs ont installé un fil d'acier entraîné par un moteur et des poulies, qui pouvait découper soixante mètres cubes de pierre en une demi-heure !

— C'est là que tu travaillais, *Nonno* ?

— Oui. Car après ça, il fallait descendre les pierres le long de la pente jusqu'au fond de la vallée. C'était l'affaire des *lizzaturi*, le travail le plus dangereux de toute la carrière. Imagine ! On assemblait deux ou trois énormes blocs, qu'on liait avec une grosse corde de chanvre. La corde était ensuite enroulée autour d'un piton fabriqué avec des pieux enfoncés dans le sol, et contrôlée par les *mollatori*. Ceux-ci étaient chargés de dérouler la corde en donnant plus ou moins de mou au fur et à mesure de la descente. Enfin, pour faire glisser la charge il fallait placer dessous, selon la progression des blocs, des madriers en chêne, les *parati*. C'était une tâche difficile et périlleuse, toujours confiée au carrier le plus compétent. Pendant des années, après avoir scié les blocs, c'est moi qui les accompagnais jusqu'en bas, glissant les *parati* au bon moment en hurlant les instructions au *mollatoro* : « Donne ! Donne... Retiens ! Retiens ! » Un aide récupérait les madriers derrière la charge et me les rapportait. On descendait ainsi pendant des heures. Et moi, j'étais sous plusieurs tonnes de marbre retenues par une simple corde, comme un dompteur, la tête dans la gueule du lion, au risque de me faire écraser ou estropier.

— Mais ça ne t'est jamais arrivé, grand-père...

Et je lui attrapais la main pour me rassurer. Elle était courte et toute déformée, sa peau ressemblait à celle d'une tortue, ses ongles étaient épais et jaunes de nicotine.

— Le plus pénible, ce n'était pas la fatigue physique, on était dur au mal en ces temps-là, c'était la tension des nerfs. Pendant toute la descente, il ne fallait pas relâcher sa vigilance un instant, parce que si l'on perdait le contrôle des blocs, ils pouvaient dévaler la pente tel un torrent de marbre en furie, emportant tout, hommes, bêtes, carrioles, baraques sur son passage. J'ai vu plusieurs de ces accidents où l'on relevait des hommes broyés, des vaches à la colonne brisée qui beuglaient de douleur. Les blocs qui avaient descendu la pente étaient maculés de terre et de sang et il fallait plusieurs jours aux *riquadratori* pour redonner au marbre sa blancheur originelle. Voilà le travail à la carrière ! Tu sais, quand j'ai commencé, j'avais à peine douze ans, j'apportais de l'eau aux carriers et je nettoyais les outils... Mais c'était une belle vie d'homme. Les filles regardaient nos épaules et nos bras, elles aimaient la poussière blanche dans nos cheveux, et les rides de soleil au coin de nos yeux.

— Raconte-moi grand-mère Giulia, maintenant.

— Je suis fatigué. Je te la raconterai une autre fois. Va voir Odabella et laisse-moi dormir.

Mon grand-père déployait son grand mouchoir blanc, toussait un peu, maugréant après ses poumons déjà à demi figés par le marbre, et reprenait sa respiration caverneuse. Je quittais sa chambre qui sentait fort le tabac brun et le thym, sans parvenir à chasser tout à fait cette odeur caractéristique des vieillards, cette odeur de vieux papiers et d'herbe sèche.

Et j'allais voir Odabella.

Pour la trouver, il suffisait de hurler son nom dans l'escalier qui desservait tous les niveaux de la maison. Odabella était occupée à l'une des innombrables tâches ménagères exigées par cette immense baraque. Elle s'y consacrait avec une telle discrétion que j'ai longtemps entretenu l'illusion que toutes ces choses se faisaient naturellement, sans qu'on soit obligé d'y toucher.

Le lit refait, le repas dans l'assiette, mes chemisiers pliés et repassés, mes sous-vêtements ramassés et lavés, mon grand-père toiletté et changé de frais, mon père impeccablement habillé, les meubles cirés, les toiles d'araignées exterminées, la poussière pourchassée, un bouquet sur la table, les draps frais, les persiennes closes, la lavande dans l'armoire, l'eau jetée sur les carrelages brûlants, un bol de chocolat et des tartines de miel, un sourire contre le cafard, un câlin pour une peine de cœur, et tellement d'amour qu'elle en avait imprégné toute la demeure.

Il en avait toujours été ainsi.

Odabella était entrée au service de ma grand-mère alors qu'elle n'avait que dix ans. Il était assez fréquent à l'époque que des filles aussi jeunes soient placées pour tenir une maison. Soit qu'elles fussent orphelines, soit qu'elles eussent tellement de frères et sœurs que les parents étaient obligés de se délester pour faire de la place aux autres. Ces filles étaient accueillies dans des familles souvent à peine plus à l'aise que la leur et, en échange du gîte, du couvert et d'une petite rémunération, elles travaillaient dans ce nouveau foyer comme elles l'auraient fait chez elles. Cette coutume n'était pas considérée comme de l'exploitation mais comme une répartition des charges entre familles. Et le travail des petites filles dans les fermes étant souvent beaucoup plus pénible, les fillettes préféraient devenir domestiques.

Évidemment, tout dépendait de la maison dans laquelle elles étaient placées. Odabella n'était pas tombée dans une mauvaise maison puisqu'elle y resta toute sa vie, jusqu'à la mort de mon père. Ce qui ne l'empêcha d'ailleurs pas de fonder sa propre famille qui, par la force des choses, devint une alliée de la nôtre. Comme cela se pratiquait dans l'Antiquité romaine.

— Quand j'ai connu ta grand-mère, me racontait Odabella, elle avait déjà ses deux garçons et devait s'occuper de son mari, elle était complètement débordée. Moi, je n'étais pas bien grande, mais j'étais déjà solide. C'est moi qui allais chercher l'eau au puits, je savais faire le ménage et m'occuper des bébés, j'avais connu tous les âges chez moi : ma mère faisait un enfant tous les ans. Pour la cuisine, ta grand-mère n'y connaissait rien et moi j'ai appris petit à petit en demandant aux femmes du quartier.

— C'est vrai que grand-mère dînait de pain trempé dans du café au lait ?

— C'était son repas, elle ne prenait que ça pendant des jours. Elle disait qu'il n'y avait que le pain et le café qu'elle pouvait digérer. Je la vois toujours avec ses grandes jupes et son tablier, mince et droite, ses cheveux coiffés en arrière. Elle était très belle. Et forte, aussi ! Il ne fallait pas discuter lorsqu'elle avait pris une décision ou qu'elle était contrariée, ton grand-père en savait quelque chose ! Tu ne sais pas quel bel homme il était...

En évoquant mon grand-père, Odabella ne pouvait cacher la tendresse qu'elle éprouvait pour lui. Et je me souviens à ma grande honte que, plus jeune, je m'étais demandé un jour si elle et Pietro… Quelle idiote ! Odabella, c'est notre mère à tous. Elle a pris soin de ma grand-mère, de son mari, élevé mon père et mon oncle Elis, s'est occupée de moi, de mon demi-frère par la suite, de ma fille Lola, de mon fils Renato… Et puis elle avait son propre foyer, et autre chose dans la tête que d'aller batifoler avec l'incorrigible Pietro !

Car c'était un charmeur, le grand-père, et il est resté très polisson jusqu'à la fin de sa vie. Au point que souvent, l'après-midi alors qu'on le croyait alité, il s'échappait de sa chambre pour aller à quelques rues de là dans une maison accueillante où il avait ses habitudes. Il en revenait guilleret et flambard, ravi du bon tour qu'il avait joué à tout le monde, et il allait se recoucher en expliquant à cette « pauvre Odabella » qu'elle ne comprenait rien aux hommes, qu'ils avaient des besoins même à son âge et qu'il n'avait rien à faire des remarques des vieilles bigotes et des médecins, tous des jean-foutre !

Tant et si bien qu'un après-midi, on a prévenu Odabella que Pietro avait eu une attaque dans ce lieu de débauche en besognant l'une des pensionnaires qui devait bien avoir quarante ans de moins que lui. Quand Odabella et papa arrivèrent devant la maison, on était en train de l'emmener en ambulance. À l'hôpital on diagnostiqua une attaque cérébrale, qui n'allait pourtant pas le priver de la parole, ni de…

Lorsque je vins lui rendre visite avec Odabella, peu après son hospitalisation, je fus sidérée de le trouver les poignets attachés de chaque côté de son lit. Il m'apparut en bonne forme et avait ce petit sourire narquois qu'il affichait lorsqu'il avait fait une bêtise.

— Comment vas-tu, grand-père ?

— Bien, ma petite Giulia. Je suis content de te voir.

— Pourquoi as-tu les poignets attachés ?

— Ce sont les bonnes sœurs ! Elles disent que je suis communiste.

— Mais enfin, qu'est-ce que c'est que cette histoire ? s'étonna Odabella.

Et de m'entraîner aussitôt dans la salle de garde pour demander des explications à la surveillante.

— Pourquoi monsieur Salvatori est-il attaché dans son lit ? Ce n'est pas normal.

— Madame, nous avons été obligées d'attacher les mains de monsieur Salvatori parce qu'il soulevait les jupes des sœurs quand elles venaient le soigner. Il ne veut rien entendre, c'est la seule solution qu'on ait trouvée.

D'abord rouge de honte, Odabella fut bientôt prise d'un fou rire en voyant la mine courroucée de la nonne.

— Je vais lui parler, ma sœur...

— Je vous plains, toutes les deux, cet homme est possédé ! À son âge, c'est démoniaque.

Là-dessus, elle fit un signe de croix, tandis que nous tournions les talons.

J'étais encore petite, mais je fus néanmoins choquée. Je me suis précipitée près du lit de mon *nonno* et lui ai fait la leçon avec le plus grand sérieux.

— Grand-père, tu devrais arrêter de te conduire aussi mal. Je vais te faire détacher, mais laisse les sœurs tranquilles !

— Ma petite Giulia, je n'en ai plus pour longtemps et ce n'est pas ma faute si les dernières femmes que je peux approcher sont des bonnes sœurs !

Deux mois plus tard, Pietro s'éteignait dans son sommeil.

*
* *

Giulia, ma grand-mère paternelle, exerçait une curieuse activité : elle faisait en quelque sorte office de banquier, c'est-à-dire qu'elle prêtait des sommes d'argent à des gens désireux de construire, d'ouvrir un commerce, et qui la remboursaient par mensualités sur lesquelles elle prélevait des intérêts. Ses origines juives pourraient laisser penser qu'elle faisait cela par tradition ancestrale, ce n'était pourtant pas le cas. La famille de ma grand-mère était composée de petits commerçants et l'on ne sait pas très bien d'où lui était venu ce goût. Mon père plaisantait en disant qu'elle avait dû avoir un ancêtre usurier, mais malheureusement pas très doué, sinon il aurait fondé une vraie banque !

Giulia prêtait parfois des petites sommes à des voisins ou des habitants de Forte dei Marmi, le port où l'on embarquait le marbre de Carrare pour le livrer dans le monde entier. Mais elle participait aussi à des investissements plus importants, prêtant pour la construction d'immeubles ou de lotissements. Son business commençait à devenir suffisamment florissant : elle songeait même à abandonner les petits prêts et à se lancer dans la spéculation. Malheureusement, elle n'en eut pas le loisir. Alors qu'elle allait consulter pour des maux de ventre, les médecins diagnostiquèrent un cancer du foie.

Lorsqu'elle eut confirmation de sa disparition prochaine, elle résolut de mettre ses affaires en ordre. Elle avait trois hommes dans sa vie, que sa mort allait laisser désemparés et orphelins. Elle avait organisé l'existence de son mari et de ses deux garçons avec ce mélange, envers ses mâles, d'autorité bruyante et d'indulgence coupable qui caractérise les mammas italiennes. Et comme elle était juive de surcroît…

Mon grand-père à la retraite passait son temps à courir la gueuse dans toutes les ruelles de la ville ; mon oncle Elis ne faisait strictement rien à part se lever très tard et traîner dans les bars et les clubs jusqu'au matin. Quant à Renato, sa vie n'était peut-être pas un modèle, mais il faisait l'acteur, et quoi de plus gratifiant pour une mère que de voir son beau garçon à l'affiche et au bras des plus belles filles de la péninsule ! De plus, il gagnait de l'argent. Secrètement, Renato avait toujours été son préféré. Petit, il était le seul à oser essayer de lui barboter quelques sous dans la pochette-tirelire qu'elle gardait précieusement sous ses jupes, attachée par une épingle de nourrice. Droite comme un I, le chignon impeccable, elle le laissait s'aventurer malicieusement vers le trésor, puis tirait fermement son bras et lui donnait une simple tape sur la main : « *Basta !* ». N'importe qui d'autre aurait eu droit à une punition plus sévère...

Après avoir bien réfléchi à ce qu'elle allait laisser aux siens, ma grand-mère conclut qu'elle ne pouvait avoir confiance qu'en une seule personne, Odabella. Elle convoqua un matin la jeune femme, qui s'était entre-temps mariée mais qui continuait néanmoins à s'occuper de ma grand-mère et de la maison de Rome où Renato avait accueilli toute la famille. Odabella me raconta plus tard le pacte que Giulia et elle avaient conclu sur le lit que sa patronne allait quitter quelques semaines plus tard pour mourir à l'hôpital...

— Odabella, je vais bientôt partir, je le sais. Je suis triste de laisser mon mari et mes garçons. Je me suis occupée d'eux toute ma vie, et j'ai bien peur qu'ils ne fassent que des bêtises dès qu'on m'aura enterrée.

Odabella se mit à pleurer. Elle aimait beaucoup ma grand-mère qu'elle considérait plus comme une parente que comme un employeur. Giulia l'avait pourtant toujours traitée avec ce subtil dosage d'affection et de distance qui s'instaure entre les patrons et les domestiques, y compris dans les familles les plus chaleureuses. Je n'ai jamais vu Odabella s'asseoir à table en présence de mon père, et je suis sûre qu'il en était de même avec ma grand-mère. Pourtant, elle avait son mot à dire dans la maison, et un certain nombre de prérogatives que personne n'aurait jamais remises en question.

Giulia la console en lui disant que pleurer ne servait à rien et qu'il valait mieux tout organiser pour son départ.

— Odabella, tu continueras à t'occuper de Pietro comme tu l'as toujours fait jusqu'à présent.

Et en disant cela, elle a saisi la main d'Odabella, l'a serrée très fort et a ajouté :

— Si je te confie mon mari, l'homme à qui j'ai voué toute ma vie, c'est parce que moi aussi je t'aime et que tu es la seule personne en qui j'ai confiance. Tu prendras soin de Pietro comme j'aurais dû le faire jusqu'à la fin. Je me suis arrangée pour que tu bénéficies d'une rente qui t'aidera à tenir tes engagements.

— Mais madame, je ne veux rien. Vous savez que je vous ai toujours servie depuis que vous m'avez prise alors que j'étais encore enfant. C'est moi qui vous dois...

— Tais-toi ! Je n'ai pas terminé. Tu prendras soin aussi des garçons. Elis ne fera jamais rien de bon et c'est pour cela que je vais lui laisser la plus grande part des traites que je possède sur les emprunts que j'ai consentis. Il touchera les remboursements petit à petit, et comme cela, il sera à l'abri du besoin toute sa vie.

— Et Renato ?

— Tu resteras avec Renato pour t'occuper de sa maison. Que penses-tu de la petite Française, cette Annie qu'il a connue en tournant le film de Visconti ?

— Il a l'air d'y tenir. Elle est jolie... mais ce n'est pas une Italienne !

— Je sais, mais ce n'est pas ce que je te demande. Qu'est-ce que tu penses d'elle ? Est-ce que tu t'entendras bien avec elle ?

— Pour sûr. Elle est gentille et polie. Bien sûr, elle ne parle pas beaucoup...

— Elle ne connaît pas l'italien. Elle apprendra. Moi, elle me plaît cette petite. Elle a du caractère, elle a de l'ambition et elle est courageuse. De plus, elle est restée très simple. Elle est parfaite pour Renato. Alors tu vas me faire une promesse, Odabella.

— *Si, signora Giulia*, je vous promets tout ce que vous voudrez.

— Je veux que tu fasses tout pour que Renato épouse cette *Francesina*. Arrange-toi comme tu peux, mais je veux qu'ils se marient. Si Renato épouse cette femme, il ne manquera jamais de rien...

*
* *

Quelque temps après avoir donné ses dernières instructions à Odabella, ma grand-mère mourut, sans jamais être revenue sur cette conversation.

Et Odabella passa le reste de son existence à remplir scrupuleusement sa promesse.

IV

Les violences de l'amour

La rencontre entre ma mère et mon père eut lieu à Rome dans le bureau de Luchino Visconti qui les avait choisis, comme je l'ai déjà dit, pour son nouveau film, *Rocco et ses frères*. Annie, qui était arrivée de Paris le jour même dans l'hôtel particulier du duc de Modrone[1], était déjà très émue de rencontrer Visconti dans le cadre somptueux de son palais romain, elle le fut plus encore lorsqu'il lui présenta celui qui allait être son partenaire. Maman affirme qu'elle est tombée amoureuse de Renato au premier coup d'œil. Elle a eu aussitôt le coup de foudre pour ce jeune homme à la carrure d'athlète et au sourire enjôleur.

Salvatori, dont le visage caractéristique fait alors des ravages dans le cinéma italien, a des yeux bruns voilés par de longs cils, des traits dont la douceur est relevée d'un nez court et virilement écrasé de coups de poing. À vingt-six ans, il a encore la sveltesse d'un adolescent et des lèvres sensuelles qu'un menton carré rend encore plus attirantes.

Annie est complètement bluffée par ce garçon, même s'il s'adresse à elle dans un français incompréhensible qu'il enrobe de grands gestes pour se faire comprendre. Quant à mon père, il est clairement

----
1. Luchino Visconti appartenait à une très célèbre famille aristocratique milanaise.

attiré par cette jolie petite Française au regard coquin et aux formes de fausse maigre.

Visconti n'a pas de temps à perdre avec les deux comédiens. Il donne à chacun le script d'une scène qu'il a fait traduire en français pour Annie et qui constitue un moment fondateur du film : la rencontre entre Nadia, la petite putain, et Simone, le boxeur, son client. Luchino veut vérifier le bien-fondé de son choix, la magie qui va rendre crédible ce couple à l'écran. L'essai, effectué simplement dans son propre bureau, sans accessoires, le conforte dans sa décision : Annie et Renato sont les deux éléments du trio magistral qu'ils vont former avec Alain Delon dans le rôle de Rocco.

Ce qu'ignore Annie, ce sont les raisons qui ont poussé le metteur en scène à choisir mon père pour ce personnage dont l'extrême violence trouve son apogée à la fin du film où Simone, fou de jalousie à l'idée que Nadia lui préfère Rocco, la viole avant de la poignarder mortellement.

Au cours d'une soirée à Cinecittà, Visconti avait assisté à une bagarre entre Renato et un autre homme qui draguait sa petite amie. Salvatori avait massacré son adversaire, ce qui avait impressionné Luchino, peu habitué à ce que les héros de cinéma se conduisent dans la vie avec autant de virilité que sur l'écran.

Pour Annie, cette scène d'amour improvisée dans le palais de Visconti déclenche des résonances beaucoup plus profondes qui ne sauraient échapper à ce séducteur de Renato. Celui-ci entraîne aussitôt sa partenaire dans une éblouissante visite guidée de Rome qui ressemble plus à une déclaration sentimentale qu'à un commentaire touristique. Le soir, Annie est définitivement séduite et seul un dernier sursaut de conscience l'empêche de tomber dans les bras du bel Italien.

Maman a en effet une histoire à Paris. Elle vit depuis plusieurs années avec le réalisateur Norbert Carbonneaux, un homme bien plus âgé qu'elle, baptisé par Jean-Luc Godard « le plus paresseux des meilleurs cinéastes français ». Leur liaison est certes sur le point de se terminer, mais ce n'est pas une raison pour succomber au premier charme venu. Donc elle résiste… toute une nuit !

La nuit suivante, maman cède à Renato, sans plus de remords.

L'escapade a duré quelques heures. Annie doit reprendre son avion pour Paris où Jean Marais l'attend sur « leur balançoire pour deux » au théâtre des Ambassadeurs.

Comme chez toutes les femmes amoureuses, l'esprit d'Annie est resté auprès de cet Italien. Le souvenir de leurs étreintes la fait encore frissonner. En attendant avec fièvre la décision définitive de Visconti, elle téléphone plusieurs fois par jour à Renato qui lui susurre des mots doux en italien, ce qui est, il faut bien en convenir, le comble du romantisme, même pour une Française.

La délivrance arrive enfin par un coup de téléphone de son agent : Visconti a fait son choix, Annie sera Nadia. Aussitôt, elle n'a plus qu'une hâte : se retrouver à Rome où Renato s'est s'installé dans sa nouvelle maison. Elle inaugure sans s'en douter un ballet qui ne cessera qu'à la mort de Salvatori – les allers-retours Paris-Orly, Rome-Leonardo-da-Vinci –, devenant la plus assidue des passagères des lignes d'Air France et d'Alitalia.

Le tournage de *Rocco et ses frères* va voir la naissance d'une grande amitié, qui ne se démentira jamais, entre Alain Delon, mon père et ma mère.

Delon et Salvatori se sont immédiatement trouvés.

Ils ont à peu près le même âge, la même beauté insolente, parfaite chez Alain, plus typée chez Renato. Ils partagent le goût de l'amour et le refus des interdits, la passion de la boxe et de l'aventure, une virilité de loubards et une complicité canaille. Un cocktail Molotov lancé dans le milieu du cinéma européen par la main ferme et adroite de Luchino Visconti.

Ils auraient pu devenir de vrais rivaux, ils se sont adorés, au point que pendant des années Alain Delon ne put concevoir, lorsqu'il venait à Rome, d'habiter ailleurs que chez son « frère » Renato.

Le tournage de ce film restera pour maman un moment rare et précieux. Il va représenter un véritable tournant dans sa vie et bouleverser son existence professionnelle et sentimentale.

Le personnage de Nadia, belle jeune femme cynique et vénale, est l'image, dans le cinéma néo-réaliste italien, de la société urbaine, séductrice et perverse, qui charme les hommes et les fascine pour mieux les perdre. Un peu ce que Homère avait décrit dans *L'Odyssée* avec le mythe de la magicienne Circé qui attire les voyageurs dans son palais pour les transformer en pourceaux.

La réaction brutale et violente du personnage de Simone envers Nadia va marquer Annie beaucoup plus profondément qu'elle ne l'aurait cru, pour différentes raisons qui tiennent à la personnalité des protagonistes, à l'atmosphère particulière dans cette Italie du début des années soixante, et à l'itinéraire personnel de ma mère.

L'ambiance sur le plateau est souvent lourde. Luchino Visconti semble en effet prendre un malin plaisir à exacerber les sentiments et les caractères des acteurs, une astuce de metteur en scène pour forcer les comédiens à donner tout ce qu'ils ont. Le sujet étant particulièrement dramatique, la violence des sentiments renvoie à la violence des situations, et les personnages sont tous dépassés par l'intensité de leurs passions. Afin d'exprimer cet absolu, Visconti veut que les acteurs puisent tout au fond de leur personnalité et se donnent totalement.

Les méthodes de Visconti, en la matière, étaient assez particulières. Il avait par exemple inventé un jeu, hors caméra : le jeu de la tour, que maman appréhendait avec terreur. Il s'agissait, pour chacun des acteurs, de dire qui, dans la troupe, il jetterait volontiers du haut de la tour pour s'en débarrasser. Et pas question de se défiler, il fallait répondre ! Lorsque le nom tombait, Visconti avait devant lui, parfois, les deux ennemis voulus dans le film. D'autres fois, il tentait de susciter la jalousie en privilégiant celui-ci par rapport à celui-là. De fait, il affichait une tendre préférence pour Delon, le rival de Renato dans *Rocco*, et prenait souvent Salvatori comme tête de Turc. Les deux garçons réglaient leurs comptes en bagarres de potaches, il y eut même huit jours où ils ne se parlèrent pas. Mais l'amitié l'emporta. Peu importe, ils étaient assez doués pour jouer leur rivalité sans avoir à se fâcher dans la vie.

Plus difficile fut d'obtenir de Renato qu'il massacre littéralement Annie, avec qui il filait, en dehors du plateau, le plus parfait amour. Pour cette scène d'une extrême violence, qui devait se tourner le soir, Visconti fit boire mon père, qui n'en avait pas l'habitude, dès le matin.

Arrive la fameuse scène au cours de laquelle Simone-Renato, après avoir violé Nadia-Annie, la poignarde. Salvatori est ivre, amoureux, italien, bon acteur, et se met aussitôt dans la peau de l'amant éconduit blessé à la folie dans son orgueil de mâle. Ma mère me révélera plus tard que Renato ne jouait pas la scène mais la vivait si intensément qu'elle avait pu voir des lueurs de meurtre dans ses yeux. Du coup, elle n'avait pas besoin de feindre la terreur : elle l'éprouvait réellement.

— Je crois que si le poignard n'avait pas été un accessoire de théâtre dont la lame rentrait dans le manche, il n'aurait pas hésité à me le plonger dans le flanc, m'a-t-elle expliqué un jour.

— Pourtant vous étiez très amoureux l'un de l'autre...

— Oui, mais il n'était plus Renato, il était Simone et je n'étais pas Annie, mais cette petite salope de Nadia.

— Il voulait te tuer ?

— Absolument ! Les coups qu'il m'a donnés n'étaient pas factices. Visconti lui a même demandé de se calmer, car il allait réellement finir par me blesser. Et tu sais ce qu'il a eu le culot de répondre, Renato ?

— Que c'était pas si fort que ça !

— Pas du tout, il s'est tourné vers moi en faisant une révérence de gentilhomme : « *È per l'Arte*, madame[1] ! »

Et le comble, c'est que *per l'Arte*, il a fallu s'y reprendre à deux fois. Quand la scène a été dans la boîte, le cameraman s'est aperçu qu'il y avait un poil sur l'objectif et qu'il fallait tout recommencer !

Et maman a repris ses coups de couteau... « Pour l'amour de l'art », évidemment.

Cette scène de cinéma, Annie va la revivre « en vrai » plusieurs fois dans son existence, que ce soit avec mon père ou avec d'autres hommes dont elle partagera la vie. Même si ces scènes conjugales ne se termineront pas de manière aussi dramatique et définitive que dans le film, ni au couteau, elles atteindront souvent un paroxysme dans la violence dont je fus maintes fois le témoin terrorisé. Je n'ai jamais

---

1. « C'est pour l'amour de l'art, madame ! »

compris ce sort de femme battue. Dieu sait pourtant qu'elle n'aimait pas les coups – qui les aime ? – mais peut-être avait-elle, sous des dehors relativement frêles, cette force inébranlable, cette obstination à dire la vérité, à défendre sa liberté, ses coups de cœur, ses coups de corps qui rendent les hommes fous. Je n'ai pas eu l'audace d'en parler avec elle, et il est trop tard maintenant pour remuer le passé, son présent est assez chaotique, désormais, pour qu'on ne l'ébranle plus avec des souvenirs.

En revanche, dans les bras de Renato, hors caméra, Annie recouvre toute sa quiétude féminine. Grâce à cette capacité qu'ont les comédiens de vivre pleinement plusieurs vies à la fois, ma mère, lorsqu'elle n'est plus Nadia, roucoule avec délices auprès de son bel Italien. Et réciproquement. Cette tendance à la schizophrénie, qui pourrait être considérée comme une maladie professionnelle chez les grands acteurs, est en fait un formidable atout. Quand j'ai voulu devenir comédienne à mon tour, j'ai essayé d'interroger maman sur ce mystère.

— Je ne peux pas t'expliquer comment ça se passe, Giulia. C'est comme ça. Lorsque j'enfile une nouvelle peau, j'oublie provisoirement tout ce qui concerne Annie Girardot. Je suis totalement l'autre personnage.

— C'est un dédoublement de personnalité.

— Si on veut, mais quelque part je suis toujours moi, je suis une nouvelle vie de moi. Que je joue une petite putain ou une grande dame. Encore que j'aie rarement joué de grandes dames, mais passons ! Dans les deux cas, je suis Annie *si* elle était devenue une putain ou une grande dame.

— Est-ce qu'il y a des vies que tu n'aurais pas pu jouer ?

— Oui, certainement. Mais on ne me les a pas proposées. Quand j'ai commencé, d'abord au cours de la rue Blanche puis après au Conservatoire, j'étais cataloguée comme comique. Ensuite j'ai eu des rôles dramatiques et même romantiques. La distinction ne se fait pas toujours facilement. Ce que je n'aurais pas pu jouer ? Je ne sais pas, moi... Peut-être un rôle de lesbienne. J'aime trop les mecs... Encore que... Au fond, je crois que je pourrais tout faire.

— Tu pourrais être n'importe qui, alors !

— Exactement, je *suis* n'importe qui. C'est ce qui fait mon succès. Je suis Annie Toutlemonde ! Ah, si ! Je sais quel rôle je n'aurais jamais pu jouer.

— Lequel ?

— Celui d'un mec. Je n'ai jamais vraiment compris ces petites bêtes-là. Quand tu penses en avoir fait le tour, ils sont encore capables d'inventer quelque chose que tu n'aurais jamais imaginé. Avec les mecs, le pire est toujours à venir ! C'est pour cela qu'on les aime.

— Ah ouais ?

— Oui, tant qu'ils nous maintiennent dans le vague, dans l'indécision, dans le flou, dans le reflet de leur lâcheté, on reste. Mais quand on sait exactement à quoi s'en tenir, on est obligée de les quitter.

— C'est pour ça que tu as quitté papa ?

— Je n'ai jamais vraiment quitté ton père. Disons que je me suis éloignée de lui.

— On ne peut pas dire que vous ayez vécu très proches l'un de l'autre.

— C'est vrai. Mais tu sais, dans nos métiers...

Maman préfère ne pas s'appesantir sur le sujet, sans doute celui sur lequel elle se sent le plus fragile.

*
* *

Dans l'ivresse de sa première véritable passion, Annie était pleine d'initiative et de projets. Elle avait décidé qu'elle pourrait concilier sa condition de comédienne et celle de femme de comédien, et vivre en Italie aussi bien qu'à Paris. Elle a vite compris qu'il serait vain de tenter d'extirper Renato de son milieu naturel et de lui demander de quitter sa tribu qu'il avait installée dans sa maison de Rome.

— Ton père, tu le sais, ne pouvait respirer vraiment que l'air italien au milieu de ses copains et de sa famille. D'ailleurs il a toujours refusé d'apprendre une autre langue que la sienne. C'est pour cela que j'ai été obligée de me mettre à l'italien.

— Mais l'appartement de la place des Vosges, tu l'as acheté pour lui ?

— Ça c'est sûr. Et je ne le regrette pas.

De retour à Paris, après le tournage, Annie doit régler quelques problèmes délicats. Le premier concerne son ami Norbert qui habite avec elle dans son appartement quai Louis-Blériot à Paris. Elle m'a avoué qu'elle s'était bien gardée d'en parler à Renato pendant le tournage mais qu'elle s'en était tout de même ouverte à Alain Delon. Cette démarche m'a beaucoup étonnée.

— Pourquoi as-tu demandé l'avis de Delon ? Tu ne le connaissais pas depuis longtemps…

— En fait, je voulais savoir si Renato éprouvait pour moi autant d'amour que j'en ressentais pour lui. Je n'avais pas de doute, bien sûr, mais je voulais une confirmation. En définitive, c'est Alain qui m'a cuisinée. Il m'a demandé si j'avais quelqu'un à Paris. J'ai dit oui, et j'ai parlé de Norbert.

— Tu n'étais pas obligée de lui raconter ta vie.

— Non, mais je l'ai fait parce que j'étais en confiance. Seulement, tu connais Alain, il s'est mis en colère : « Comment, tu as un mec à Paris, c'est comme si tu trompais Renato ! C'est dégueulasse ! Tu dois *immédiatement* rompre avec ce type. »

— De quoi je me mêle ?

— C'est du Delon tout craché ! Aussi diplomate qu'un pavé dans la mare, mais un cœur gros comme ça. Renato était devenu son ami et il ne pouvait supporter que la femme de son ami et patati et patata…

— Ce sont bien des trucs de macho !

— Tu peux le dire. Ton père et Alain ne sont pas mal dans le genre. Mais moi, tout compte fait, j'avais ma réponse. Si Alain réagissait si violemment, c'est que son ami Renato lui avait fait des confidences : lui aussi devait être très amoureux.

Maman annonce donc à Norbert que c'est terminé entre eux et qu'elle a rencontré quelqu'un d'autre… et elle se mange deux claques ! Ce n'est pas la première fois que maman prend des coups d'un de ses mecs, et ce ne sera pas la dernière, je l'ai dit : Annie sera une femme battue toute sa vie.

Furieux, donc, Norbert casse tout dans l'appartement, ce qui laisse maman de marbre (et bien marbrée aussi), puis jette le poste de télévision par la fenêtre avant de foutre le camp en claquant la porte « pour se calmer ». Maman s'en moque, les coups ne lui font pas peur. D'autant que maintenant, elle est libre.

Libre d'être à un autre homme.

Elle saute sur le téléphone, appelle Renato pour lui dire qu'elle l'aime. Lui, qui ne sait pas ce qui vient de se passer, ne comprend pas pourquoi Annie rit et sanglote à la fois dans l'appareil. Il se contente de claironner :

— *Arrivo !*

Rien ne pouvait rendre maman plus heureuse.

— Quand viens-tu ?

— Bientôt. Il faut que j'achète des valises.

— Des valises ? Pourquoi des valises ?

— C'est qu'à Paris, il y a une boutique pour les valises, je t'expliquerai.

Aussitôt Norbert parti, maman, qui a commencé à répéter *L'Idiote*, une pièce de Marcel Achard, au théâtre Antoine, décide de se débarrasser de son appartement du quai Louis-Blériot, qu'elle a acheté avec ses premiers cachets. Elle veut trouver un nouveau toit pour abriter ses nouvelles amours et recherche dans Paris un endroit qui pourrait évoquer les ruelles étroites de Rome et plaire à Renato.

Ce sera le Marais.

Annie tombe amoureuse de ce vieux quartier, à l'époque simple et populaire, refermé sur ses échoppes et ses arrière-cours où œuvrent des artisans, traversé de rues encombrées de portefaix et de commerçants qui discutent sur ses étroits pavés. Le Marais garde depuis des siècles cet air gouailleur et affairé, où des poètes faméliques, nouveaux Villon, croisent des coupe-jarrets de bric et de broc. Quartier ouvrier, frondeur et orgueilleux qui a de tout temps abrité, caché, protégé sous ses toits mansardés tous les persécutés, les minoritaires, les rejetés.

Au bord du Marais, maman découvre la place des Vosges, pré carré oublié des promoteurs, laissé pour compte au profit des grands espaces haussmanniens, ouvert sur des porches sombres comme des culs-de-basse-fosse et des hôtels particuliers aussi borgnes que des bordels.

Elle emmène Renato dans un petit restaurant, chez Coconnas, sur la place, et il tombe sous le charme.

— Si on se marie, dit-il à Annie, c'est là que je voudrais vivre.

Et voilà maman qui téléphone aussitôt à une agence immobilière et se voit proposer, l'après-midi même, un duplex en vente pour une bouchée de pain (on est en 1960 !) au 25 de cette place noiraude qui est encore loin de devenir l'un des coins les plus chics de la capitale.

Elle y emmène bien sûr son chéri et lui demande son avis. Il sait ce qu'elle aimerait entendre et il le lui dit.

— Ah oui ! Ça me plaît, c'est formidable.

Annie est heureuse. Elle pense que Renato viendra s'installer dans cet appartement avec elle. Au moins un peu, et pourquoi pas… longtemps. Elle rêve. Et elle achète ce duplex qui, en s'étendant, deviendra, au fil des années, l'immeuble Girardot.

Renato n'y dormira jamais plus de deux nuits de suite !

En fait, mon père n'aime que trois choses à Paris. Manger des huîtres chez Prunier, avenue Victor-Hugo, boire du bon vin chez l'Ami Louis ou chez Lipp, et jouer au poker dans un cercle près des Champs-Élysées. Il effectuera systématiquement le même pèlerinage à chacune de ses visites éclairs dans la capitale.

Avec un petit détour place des Vosges.

*
* *

Cette fois-ci, Renato est surtout venu pour acheter des valises.

C'est ce qu'il explique à ma mère dans son sabir italo-français avec toujours ces grands gestes qu'elle décrypte comme elle peut. Renato est tombé en arrêt devant les bagages de Luchino Visconti : somptueux, français, Vuitton. Luchino lui a dit qu'on les trouvait à Paris, il veut les mêmes.

Pour mon père, et il n'est pas le seul, Luchino est l'arbitre incontesté de l'élégance. Son allure, son raffinement, sa manière de s'habiller, de se chausser, de bouger et de mobiliser tous les regards lorsqu'il pénètre quelque part impressionnent tous les jeunes hommes – et toutes les jeunes femmes – qu'il attire dans son sillage.

Luchino, qui va tourner *Le Guépard* l'année suivante, est l'héritier d'une aristocratie qui se confond avec les fondements mêmes de l'Italie. Mon père rêve d'approcher cette aisance, cette distinction naturelle, fruit d'un polissage de plusieurs générations. Détail amusant : toute sa vie, il gardera, comme Visconti, un respect profond pour les chaussures et une propension un peu rigide à jauger les gens sur l'état de leurs souliers. Je n'ai jamais vu mon père autrement qu'avec des chaussures impeccablement cirées et même polies. « On juge un homme sur le soin qu'il porte à ses chaussures », m'enseigna-t-il pendant des années.

Encore aujourd'hui, lorsque je rencontre quelqu'un, c'est plus fort que moi : je ne peux pas m'empêcher de regarder ses chaussures.

Mais revenons à l'achat des valises Vuitton… Maman, prête à tout pour faire plaisir à son chéri, emmène donc Renato dans la boutique Louis Vuitton afin d'y acheter les mêmes bagages que ceux de Luchino Visconti. Elle a même l'imprudence de lui proposer de lui offrir ces précieux bagages.

— Ton père était comme un enfant devant un étalage de gâteaux. Il voulait celle-ci, il voulait celle-là. Il m'a fait la totale, depuis l'étui de brosse à dents jusqu'à la malle-cabine. À l'époque, je n'avais même pas idée de ce que valait une valise Vuitton. Lorsqu'il a fallu payer, j'ai compris ! Heureusement que j'avais gagné pas mal d'argent depuis quelque temps et vendu l'appartement du quai Louis-Blériot. Ton père était aux anges.

— Et il a voulu ses initiales sur les valises, je sais.

— Non, c'est le vendeur qui lui a proposé de les faire graver gracieusement sur ses bagages. Vu ce

que je venais de régler, c'était la moindre des choses !
« Monsieur Salvatori, dit le vendeur, où voulez-vous
que je fasse graver vos initiales ? Sur le flanc de la
valise ou sous la poignée ? Les voulez-vous dorées
ou noires… », etc. J'essaie de traduire pour ton père
en lui expliquant avec les mains. Et ton père qui
hoche la tête en disant : « R.S. Renato Salvatori ! »
Le vendeur répond qu'il a bien compris, mais qu'il
veut savoir où faire graver ces R.S. J'entends alors
ton père qui répète : « R.S. Renato Salvatori. » Et il
me désigne le fameux sigle LV de Louis Vuitton,
imprimé sur toute la toile, en disant : « Je ne veux
pas que *mes* bagages portent les initiales de Luchino
Visconti ! »

— C'est drôle ! Mais qu'est-ce que tu pouvais
faire ?

— J'avais honte ! Heureusement, le vendeur n'a
pas compris ce que son client avait dit. Puis bientôt
le fou rire m'a pris. J'avais des larmes dans les yeux
et j'ai expliqué en hoquetant à Renato que LV ne
voulait pas dire Luchino Visconti, mais Louis Vuitton. Il était un peu vexé, et a fait semblant de n'avoir
pas très bien compris à cause de ma foutue traduc-
tion…

*
* *

Les bagages achetés, les initiales gravées, Renato
repart pour Rome retrouver sa vie et ses amis.

Comme toujours.

Maman reste à Paris dans son duplex vide et se
morfond.

Sur le plan professionnel, pourtant, tout marche
bien pour elle. *L'Idiote*, mise en scène par son ancien
professeur du Conservatoire Jean Meyer, est un
grand succès et Marcel Achard se frotte les mains.
La directrice du théâtre Antoine, qui ne désemplit

pas, est ravie d'avoir offert ce rôle à la petite Girardot dont on parle de plus en plus en France et en Italie, où le film *Rocco et ses frères* provoque un joli scandale, ce qui est toujours bon pour un succès commercial[1].

Annie reste cependant minée de l'intérieur. Contrairement à ses espoirs, non seulement Renato ne s'est pas installé place des Vosges, mais il n'a pas l'intention de venir très souvent à Paris, retenu lui aussi par ses obligations professionnelles, en Italie. Annie le vit très mal. Elle pressent que c'est à elle de faire l'effort de sauver leur histoire, sinon le temps et la distance vont se charger de la détruire. Quant à compter sur Renato pour l'aider, elle ne se fait aucune illusion là-dessus.

Seulement Annie est coincée par le théâtre Antoine où elle joue tous les soirs à guichets fermés. Aucune lueur d'espoir du côté des réservations qui s'accumulent au fur et à mesure du succès de la pièce. Maman se sent piégée. Rome a beau n'être qu'à deux heures de vol, elle ne peut pas partir sans mettre en péril la représentation et doit prendre sur elle pour ne pas tout plaquer sur un coup de tête.

La situation est complètement bloquée.

Elle va s'en rendre malade.

Pour ce mec dont elle est folle et que l'éloignement rend encore plus désirable elle va, comme elle me le dira plus tard, « se couper le sifflet ». Chez un comédien de théâtre, la seule maladie professionnelle irréparable, en effet, c'est de devenir aphone.

Et Annie va délibérément se rendre muette !

Elle ne joue pas la comédie, non ! Son corps va simplement obéir à son esprit et procéder à une automutilation. Petit à petit, sa voix s'éraille, sa texture se mite et elle est obligée de s'y reprendre à

---

1. Lion d'argent à la Mostra de Venise en 1960.

plusieurs fois dans certaines tirades. Les infiltrations, inhalations et autres remèdes de coulisses n'y font rien : Annie ne peut plus parler.

Au théâtre Antoine, c'est la catastrophe, on annule les réservations et l'on suspend provisoirement les représentations. Marcel Achard est furieux. Il soupçonne Annie de vouloir abandonner son travail pour « convenance personnelle » et de se faire porter pâle pour échapper aux mesures de rétorsion financières. Il faut reconnaître que ces soupçons s'appuient sur des déclarations intempestives de la Girardot aux journalistes. Elle se lamente sur son mal de vivre, invoque une dépression et son dégoût du théâtre et confie son désir d'aller retrouver l'homme de sa vie à Rome.

Le professionnalisme d'Annie est remis en cause, au point que la direction du théâtre fait vérifier qu'elle est bien en congé de maladie chez elle à Paris et non en goguette à Rome.

Elle n'est pas à Rome : Annie a réussi à se rendre vraiment malade puisqu'on va diagnostiquer des nodules sur ses cordes vocales, qu'elle devra soigner longtemps.

Mais elle a réussi son coup. Après deux cent trente représentations, elle peut rompre officiellement son engagement dans *L'Idiote*.

Elle claironnera que c'était surtout elle l'idiote d'être restée si longtemps loin de son amour. Je crois pourtant qu'au fond d'elle-même, elle n'a jamais été très fière d'avoir agi ainsi vis-à-vis des gens de théâtre, les gens de sa famille. Il n'en demeure pas moins vraisemblable que son histoire avec Renato n'aurait pas survécu si elle avait dû continuer à jouer tous les soirs à Paris. D'ailleurs, elle ne montera plus sur scène pendant quatre longues années. Elle m'a toujours dit que c'était une volonté de sa part et que ce furent les années où elle vécut entièrement son amour avec mon père. Peut-être, mais je pense aussi que pendant ces quatre années, le théâtre lui a fait payer sa désertion – fût-elle psychosomatique – en la mettant en quarantaine.

Quoi qu'il en soit, dès la rupture de son contrat, Annie part s'installer à Rome, en convalescence dans les bras de mon père. À partir de cette décision devaient s'enclencher les événements qui allaient aboutir à la véritable création de leur couple et à ma naissance.

Si certains se croient issus de la cuisse de Jupiter, je peux dire, moi, que je suis née des cordes vocales de ma maman !

V

Née de mère inconnue !

Je suis « *née un quatre juillet* », à Rome, le jour de la Fête de l'indépendance américaine.

Les deux événements n'ont absolument rien à voir l'un avec l'autre. Mais comme c'est aussi le titre d'un film[1], j'ai toujours voulu y voir un clin d'œil de la Providence. Ma grand-mère maternelle, qui était toujours à l'affût des signes et des chiffres, m'a légué ce petit travers, somme toute assez inoffensif, je l'ai dit.

Maggi, restée à Paris, n'était pas auprès de maman ce jour-là. C'est en catastrophe, et seulement accompagnée d'Odabella, que maman se précipita en taxi jusqu'à la maternité où des bonnes sœurs italiennes présidèrent à ma naissance. Mon père n'était pas là non plus, il tournait à Nice *Le Glaive et la Balance*, un film d'André Cayatte.

À l'époque, les échographies n'existaient pas, et mes parents ne connaissaient pas le sexe de leur enfant. Évidemment mon père voulait un fils et maman aurait été très contente de lui en donner un.

Manque de pot, j'étais une fille !

Quand les bonnes sœurs l'annoncèrent à ma mère, elle fondit en larmes. Elle était complètement terrorisée à l'idée d'annoncer à mon père que je n'étais pas un garçon.

---

1. *Born a Fourth of July*, d'Oliver Stone.

— J'avais très peur de sa réaction, me racontera-t-elle plus tard. Quand il parlait du bébé qui allait naître, il disait toujours « mon fils ». « Je ferai ça avec mon fils. J'emmènerai mon fils à tel endroit. J'apprendrai à mon fils… » Aussi, lorsque j'ai appris que tu étais une fille, sur le coup j'ai paniqué. Je n'osais pas lui téléphoner.

— Tu l'as quand même fait !

— Oui, bien sûr.

— Et alors ?

— Alors rien. Je ne sais pas s'il était déçu ou non, mais il n'a rien montré. Il a simplement répondu : « J'arrive tout de suite. » Et il a sauté dans le premier avion pour Rome.

— Il était content ou pas ?

— Il était très content. Il a dit : « On va lui donner le nom de ma mère, Giulia. » Ta grand-mère était morte deux ans plus tôt, quelque temps après que j'eus rencontré Renato. Je l'ai peu connue mais je savais que ton père lui était très attaché. D'ailleurs une des premières phrases qu'il a prononcées en te voyant, c'est pour regretter que sa mère n'ait pas pu prendre sa petite-fille dans ses bras. Elle n'avait eu que des garçons.

— C'est alors qu'il est allé me déclarer à la mairie ?

— Oui, c'est lui qui s'est chargé de faire les démarches. Mais il ne pouvait pas rester très long-temps à Rome : la production du film de Cayatte lui avait simplement donné un congé de trois jours.

Mon père va donc me déclarer à la mairie.

À sa manière.

Ce qui va me pourrir la vie pendant des années !

Il me déclare sous le nom de Salvatori. Prénom : Giulia. L'employé lui demande mon deuxième pré-nom : Giulia. Troisième prénom : Giulia. Je m'appelle donc Salvatori Giulia, Giulia, Giulia !

Après, je ne sais pas très bien ce qui se passe. Peut-être que mon père s'engueule avec l'officier d'état civil et que celui-ci omet d'inscrire le nom de ma mère. Peut-être que Salvatori oublie simplement de le mentionner. Peut-être oublie-t-il d'exiger l'acte de naissance. Toujours est-il que je traîne sur une fiche d'état civil qu'on transmet à Seravezza, le village d'origine de mon père. En plus – et ma mère lui en voudra toute sa vie –, Renato néglige de me déclarer à l'ambassade de France, ce qui était logique puisque maman était française et qu'il l'avait épousée, au début de l'année, à Paris, avec comme témoins Luchino Visconti, Christian Marquand et Jean Cocteau. Aucune importance, mon père, tout à sa joie, va fêter ma naissance avec ses copains et ne rentre chez lui que pour se changer et repartir à Nice, après un petit tour à la clinique.

Quant à maman, elle se remet très vite de ses couches. Et comme elle a été contrainte de rester à Rome les derniers mois de sa grossesse, elle n'a qu'une envie : filer à Paris. D'autant que Renato n'est pas là.

Trois jours après ma naissance, c'est chose faite.

Elle m'a déposée dans la grande maison de papa, et est partie rejoindre Roger Vadim et toute l'équipe du film *Le Vice et la Vertu*, une adaptation du *Justine* du marquis de Sade qui se passe chez les nazis. Film sulfureux où elle interprète le vice, en la personne de Juliette, sœur de la vertu interprétée par Catherine Deneuve.

Maman, qui n'a pas mon certificat de naissance, ne peut donc pas me faire enregistrer à la mairie du XVIe arrondissement où mes parents se sont mariés, sur les conseils de Luchino Visconti d'ailleurs.

Résultat : moi qui aurais dû avoir la double nationalité – italienne et française –, je n'aurai qu'un passeport italien. Et je ne figure pas sur le livret de famille de maman ! Bien sûr, il est de notoriété publique que je suis sa fille, puisqu'elle m'a présentée à tous les journaux. Mais côté état civil, je suis née de mère inconnue !

Il faudra attendre mon mariage, en mai 1989, pour que la situation se régularise. Afin de compléter mon identité, mon fiancé a fait les démarches nécessaires et, devant deux témoins et un officier d'état civil, on m'a bel et bien « reconnue » comme étant la fille d'Annie Girardot et de Renato Salvatori.

Je peux allègrement tricher sur mon âge : je suis, officiellement, vraiment « née » non pas en 1962, mais en 1989 !

*
* *

Papa et maman partis, qu'allais-je devenir ? À trois jours, c'est dur de se débrouiller toute seule. Surtout sans papiers.

Restait Odabella, chère Odabella !

Bien sûr, c'est elle qui m'accueillit dans la grande maison. Bien sûr, tout y avait été organisé avant ma naissance : ma chambre, mes jouets (de garçon) et ma salle de bains. Et comme Odabella, déjà chargée de toute la famille, ne pouvait pas s'occuper entièrement de moi, bien sûr mon père avait engagé une nurse.

L'affaire des nurses mériterait tout un chapitre mais révèle surtout l'extrême incompétence de mon père et de ma mère en tant que parents.

Non qu'ils m'aient négligée en quoi que ce soit, mais il y avait un malentendu.

Maman était tellement heureuse que Renato ne m'ait pas jetée à la poubelle à la naissance qu'elle s'en remettait à lui pour toutes les décisions domestiques. Quant à mon père, il avait déjà clamé sur un ton sans équivoque que rien ne serait trop beau pour sa fille, et qu'elle serait traitée comme une princesse. Le petit Luchino Visconti ayant été élevé par une nurse, la fille de Renato Salvatori le serait aussi ! La meilleure agence italienne fut sollicitée et envoya la première d'une longue série de nourrices qui allaient défiler à la maison, démissionnaires ou remerciées pour des motifs divers. En trois ans, une bonne quinzaine de nurses vont ainsi se pencher sur mon berceau.

De cette période de mon enfance, je ne garde aucun souvenir précis. Juste des histoires qui font partie du patrimoine familial et qui m'ont été racontées tant de fois que j'ai l'impression de les avoir vécues. Ainsi, l'une de mes nurses, Franca, était, semble-t-il, la préférée de maman. Je l'ai réellement vue plus tard, sur des photos où elle me tient dans ses bras.

Mes souvenirs les plus forts sont des sensations. Cet élan qui m'a toujours portée vers Odabella remonte à ces premières années, où elle fut la seule présence féminine constante auprès de moi. Celle qui se comporta véritablement comme une mère pour la petite fille solitaire que j'étais fut sans conteste cette femme.

En revanche, Annie était pour moi une attente permanente et la revoir, un authentique bonheur. Depuis, j'ai toujours éprouvé un tressaillement de joie en retrouvant maman, que nous soyons séparées depuis quelques heures ou quelques jours. C'est ma manière à moi de lui témoigner ma *reconnaissance*, telle que je l'ai maintes fois éprouvée pendant ma première enfance.

Lorsque j'interroge Annie sur ces premières années de mon existence qui ont semble-t-il fondé les forces mais aussi les faiblesses de mon caractère, je suis toujours un peu déçue par ses réponses.

Elle garde une vision très égocentrique de cette période, celle d'une femme comblée auprès d'un mari séduisant – dont elle était folle amoureuse –, enchaînant les films en France et en Italie et emportée par une vie mondaine qui prenait tout son temps.

Dans ce tourbillon, je tenais peu de place.

— Tu comprends, ton père ne voulait pas que je m'occupe de toi. Il me disait : « La nurse est là pour ça. » J'aurais bien voulu te changer ou te donner ton bain mais j'étais presque obligée de me cacher pour le faire.

— Tu ne penses pas plutôt que tu te sentais juste « invitée » dans la maison ? Tu n'y étais pas assez souvent pour t'y imposer comme la patronne, non ?

— Il y avait déjà Odabella, la nurse, et puis ton père qui prenait toutes les décisions. Cela ne me déplaisait pas, ce côté macho. Tu comprends, à Paris je vivais une vie de femme seule, travaillant dur, faisant face aux problèmes courants et aux difficultés professionnelles. Lorsque je me retrouvais à Rome, je laissais tout cela derrière moi et je me laissais diriger par Renato. C'était sa maison, son pays, ses affaires.

— Et moi là-dedans ?

— Toi tu étais plutôt la fille de ton père ! C'est lui qui avait organisé ta vie, avec son personnel, à son idée. Et puis pendant longtemps, je ne parlais pas italien ou mal et j'avais des difficultés à me faire comprendre. Alors je préférais ne rien dire plutôt que de passer pour une idiote. En plus, je tournais beaucoup…

— Ne te cache pas derrière de pareils arguments. C'est vrai que papa dirigeait tout, mais ne me raconte pas que tu n'en as pas souffert.

Pendant les trois premières années de ma vie, maman a tourné dans treize films, dont la moitié en Italie et deux avec mon père[1]. Durant la même période, Renato Salvatori n'a joué que dans cinq films, mais il a mené à Rome une vie très en vue. Sa

---

1. *Le Jour le plus court*, de Sergio Corbucci, et *Les Camarades*, de Mario Monicelli.

maison ne désemplissait pas et les fêtes succédaient aux réceptions. C'est à partir de cette époque qu'Alain Delon y établit ses quartiers lorsqu'il venait à Rome, d'abord avec Romy Schneider, puis avec Nathalie, puis avec Mireille Darc.

Les anecdotes qu'on m'a rapportées sur cette période et les confidences de maman sont tirées tout droit des chroniques mondaines du cinéma italien des années soixante. Elles présentent néanmoins un réel intérêt grâce à la qualité des gens qui alimentaient les colonnes des journaux à potins.

Maman garde un souvenir très vif et très romantique de ce temps-là. Il faut réaliser qu'à cette époque, Annie Girardot n'était pas une « comédienne célèbre ». Certes, elle avait du métier, elle était reconnue et appréciée des professionnels du cinéma. Mais sa notoriété n'était pas à la hauteur de sa carrière. Elle n'était pas encore une actrice populaire, bien qu'elle ait joué dans des pièces ou des films ayant rencontré un réel succès auprès du public. Son idylle, puis ce mariage avec son bel Italien avaient attiré l'attention des journalistes spécialisés sur leur couple, mais sans qu'Annie soit ensevelie sous la ferveur des foules.

Ce qui était en revanche le lot de mon père. Il avait en Italie une véritable popularité et son physique lui valait une cour de groupies qu'on appelait alors des fans. Et donc, quelques bonnes fortunes qu'il laissait rarement passer.

Son mariage avait été quasiment gommé par le public, si bien que lorsqu'il était question de ma mère, la plupart des gens soit l'ignoraient soit la désignaient sous le sobriquet de *la Francese*.

En revanche, le talent de la Girardot n'avait pas échappé aux metteurs en scène italiens. Et surtout cette capacité à se couler dans n'importe quels rôles, fussent-ils les plus incongrus.

C'est ainsi que Marco Ferreri lui proposa un jour le personnage d'une femme dont le visage et le corps sont entièrement recouverts de poils, et que son ignoble mari, interprété par Ugo Tognazzi, exhibe dans les fêtes foraines : *La Donna scimmia*[1]. Cet équivalent féminin d'*Elephant Man* était une véritable performance qui commençait invariablement par plusieurs heures de maquillage : il faut du temps pour devenir velue de la tête aux pieds.

Marco Ferreri, qui avait acheté une maison en face de celle de Renato, était un génie complètement déjanté que maman adorait. Exactement la version opposée de Luchino Visconti, mais Annie avait la même admiration pour les deux hommes et le même respect pour les deux metteurs en scène. Elle tournera encore avec Ferreri dans *Dillinger est mort* avec Michel Piccoli en 1968, puis dans *La Semence de l'homme*, l'année suivante.

Plus de trente après, il est amusant d'évoquer les films de ces années-là qui sont pour la plupart considérés aujourd'hui sinon comme des chefs-d'œuvre, au moins comme des films cultes. Et pourtant, au moment où ils sont sortis, les critiques et le public se sont déchaînés aussi bien sur *Rocco* que sur Roger Vadim ou Marco Ferreri. Il faudra plusieurs années pour que ces œuvres soient reconnues et saluées comme telles.

Maman, qui avait été de toutes ces aventures, continuait à tourner aussi bien des navets que d'agréables bluettes qui mettaient du beurre dans les épinards. Or il lui en fallait, car son mari et ses prétentions de dandy coûtaient fort cher, et elle se retrouva vite à entretenir la maison de Rome et son appartement de Paris, sans parler des dettes de jeu de mon père ni des investissements hasardeux de son propre frère, le cher Jeannot.

---

1. Le titre français, pas très heureux, est *Le Mari de la femme à barbe*.

Ma mère a entretenu des hommes toute sa vie. C'est même l'histoire de sa vie ! Nous y reviendrons, mais pour l'heure son problème c'était moi.

*
* *

J'ai une petite idée sur les raisons qui ont conduit maman à confier à mon père l'éducation de sa fille. On aurait pu s'attendre à ce qu'elle revendique haut et fort ses droits maternels et qu'elle préfère m'avoir auprès d'elle – quitte à me faire élever par ma grand-mère – plutôt que de laisser ce soin à de parfaites étrangères. Pourtant, les grands élans d'amour et les manifestations d'affection qu'elle me prodiguait n'étaient pas feints : ma mère m'aimait vraiment.

Cela dit, je crois qu'une bonne part de calcul présida à ce qu'elle choisisse de me confier à mon père plutôt que de me garder avec elle.

Tout d'abord, Annie – fermement appuyée par sa propre mère – consacrait ses forces et sa passion exclusivement à son métier. Elle savait que ce n'était ni sa beauté, ni sa plastique qui assureraient une pérennité à sa carrière. Elle qui avait refusé, au Conservatoire, de se laisser enfermer dans les rôles de soubrette, était parfaitement consciente que ceux de jeune première n'auraient qu'un temps : elle ne pourrait rivaliser éternellement avec d'autres comédiennes beaucoup plus jolies qu'elle. Il fallait donc qu'elle veille au grain en restant en permanence sur le pont. C'est difficile, avec un marmot dans les bras…

Et puis il y avait eu cette expérience pénible, qui allait conforter définitivement son choix de s'en remettre à des gens plus compétents qu'elle, en ce qui me concernait.

Ma grand-mère – sa mère sage-femme – trépignait de ne pas encore avoir pu voir sa petite-fille. Déjà, elle avait été un peu vexée que maman n'ait pas accouché en France entre ses mains expertes ! Bref, maman décida un jour qu'elle me ramènerait à Paris après son prochain voyage à Rome.

Je pense que dans son esprit, elle s'était fait un peu de cinéma à propos de cet événement. Elle se voyait très bien, accompagnée de Renato, descendant fièrement sous les flashes des photographes la passerelle de l'avion à l'aéroport d'Orly, tenant sa petite Giulia au creux de son bras sous le regard attentif de son mari. Le genre d'actualité heureuse diffusée par Pathé Journal avec les commentaires légèrement emphatiques qui faisaient le charme des séances de cinoche juste avant les publicités de Jean Mineur.

Quelques semaines après ma naissance, elle décida donc qu'il était temps que je sois reçue officiellement dans la famille Girardot.

Mais rien ne se passa comme elle l'aurait souhaité.

D'abord mon père déclara qu'il ne pouvait pas l'accompagner à Paris alors qu'il tournait avec André Cayatte aux studios de la Victorine. Si elle voulait emmener sa fille, elle le ferait toute seule, bien que ce ne soit pas très prudent de faire voyager un bébé aussi jeune.

Ensuite, lorsqu'elle annonça à la maisonnée qu'elle m'emmenait pour quelques jours en France, on s'en émut autant que si je partais en safari en plein milieu de l'Afrique. De peur sans doute que je meure de faim pendant le voyage, on me bourra de lait malté, de quoi supporter cette dure épreuve, et même de survivre pendant quelques jours.

Tout se passa bien jusqu'au décollage de l'avion. Ensuite, pendant toute la durée du vol j'entrepris de régurgiter sur ma mère toutes les provisions de lait dont les femmes de la maison m'avaient gavée. Après avoir bien vomi, je ne trouvai rien de mieux que de me vider de l'autre bout, et, cette situation étant particulièrement désagréable, de me mettre à hurler.

Inutile de dire que maman, qui était loin d'être une championne du changement de couches et du bercement de bébé, ne savait pas du tout comment s'y prendre pour que je me taise. Ni quoi faire de ce paquet gueulard, puant et dégueulant. Il fallut le secours d'une partie du personnel navigant d'Air France pour tenter d'enrayer les dégâts. Je ne consentis à me taire que lorsque l'avion entama sa descente sur Orly, au grand soulagement des passagers excédés.

Ma grand-mère Maggi et mon oncle Jeannot nous attendaient dans l'aérogare. Maggi, avec son petit appareil Kodak qu'elle trimbalait partout, immortalisa la scène : maman décoiffée, hagarde, maculée de lait caillé, tendant vers elle son fardeau suintant avec un regard halluciné.

Ma grand-mère me prit dans ses bras et aussitôt, exténuée, je m'endormis comme un petit ange. Comparaison que ne manqua pas de faire Maggi, ravie de rencontrer son aussi jolie et aussi sage petite-fille !

Pour Annie, cette première expérience de jeune mère resta gravée dans le catalogue des bonnes intentions qui pavaient son enfer personnel.

La dernière raison pour laquelle maman préféra me laisser à mon père fut une de ces manœuvres à trois bandes dont sont capables les petites futées, et qui ne tournent pas toujours à leur avantage.

— Ton père était un cavaleur et cela me rendait folle ! J'étais très jalouse, bien que je fasse tout pour qu'il ne s'en aperçoive pas.

— Tu parles !

— Écoute-moi avant de faire des commentaires. Ton père t'aimait énormément et j'ai pensé que tant que tu serais avec lui, il resterait avec moi. J'avais bien conscience que les éloignements répétés, pendant plusieurs semaines, distendent les liens. En te laissant à Rome, c'est beaucoup de moi que je laissais. Je voulais que tu sois notre ciment d'amour...

— À t'entendre j'ai plutôt l'impression que tu voulais que je sois un gros nœud à son mouchoir.

— Tu es injuste ! J'étais sûre de mon amour pour toi et pour ton père ! Ce n'était pas de gaieté de cœur que je me séparais de toi. Je t'ai laissée en gage. En gage de mon amour !

— On ne peut pas dire que cela ait été une réussite. Vous vous êtes séparés assez rapidement.

— Peut-être, mais nous n'avons jamais divorcé ! Ton père et moi sommes restés très liés jusqu'au bout. Et je suis certaine que c'est parce que j'ai voulu qu'il te voie grandir auprès de lui.

*
* *

Il y eut un tournant dans ma vie et dans celle de maman lorsque j'eus trois ans. Sans qu'il y ait eu d'ailleurs une relation de cause à effet.

Ce fut, en ce qui me concerne, l'arrivée à la maison d'une nouvelle nurse dont je ne prononcerai pas le nom et que j'ai toujours désignée comme « *Il Carabiniere* ». Le carabinier !

Cette femme a réussi à détruire ma vie pendant des années.

Je suis persuadée que les révoltes débridées qui ont ponctué mon adolescence sont le résultat des dégâts provoqués sur ma personnalité par les délires obsessionnels de ce dragon. J'ai haï cette femme plus que tout au monde, et par cercles concentriques, je me suis mise à détester mon père parce qu'il m'avait imposé cette nurse, et ma mère parce qu'elle ne venait pas m'en délivrer. Par voie de conséquence, je me suis aussi mise pendant une longue période à nous détester tous, moi et le monde entier.

Pendant trois ans, il y avait eu le défilé de nurses soit virées pour incompétence, soit qui démissionnaient, ne pouvant plus supporter les horaires décalés, l'ambiance plutôt chaude certains soirs, la vie de garçon de mon père, les retours agacés de ma mère, et tous ces aléas de la vie d'artiste.

Renato décida de frapper un grand coup et d'engager « The Nurse ». Elle aurait pu être Mary Poppins, mais on n'était pas au cinéma et ce fut *Il Carabiniere*. Elle en avait d'ailleurs le physique : une grande bringue desséchée qui affichait son aspect revêche et austère comme une preuve de compétence. En fait c'était une garce camouflée en psychorigide, avec une mentalité de kapo et pas plus d'intelligence qu'une paire de chaussettes cloutées.

En revanche, elle avait des souliers vernis et une tenue impeccable, genre nazie femelle, qui impressionnèrent beaucoup Renato. Elle lui déclara qu'elle avait des principes extrêmement stricts sur l'éducation des enfants – et des filles en particulier –, ce qui enchanta mon père… lui qui n'en avait toujours fait qu'à sa tête pendant toute sa jeunesse, misant sur l'extrême indulgence de sa mère à son égard… Enfin, elle exigea que l'on ne remette pas en cause ses décisions, ni la rigueur de ses principes, ce qui risquait de saper son autorité.

Faute de quoi, elle serait dans l'obligation de démissionner.

Mon père, qui était ravi de pouvoir compter sur quelqu'un pour s'assurer de la bonne éducation de sa fille, lui accorda sa confiance totale. Persuadé de m'avoir donné la meilleure nurse possible, il pouvait vaquer à ses occupations la conscience tranquille. Quant à ma mère, elle comprit rapidement que le carabinier avait pris le pouvoir à la maison et, sur les conseils de mon père, se le tint pour dit, le désespoir au cœur.

Ainsi, lorsqu'elle arrivait à Rome, elle ne pouvait me voir que dans le cadre des horaires bien précis qu'avait institués la nurse. Lorsqu'elle avait des velléités de s'occuper de moi, elle se faisait fermement rabrouer par mon gendarme, au prétexte qu'elle s'y prenait comme un manche et qu'elle était en train de foutre en l'air toute l'éducation qu'on avait eu *tant de mal* à m'inculquer.

J'en voulais énormément à maman de cette démission devant les diktats de cette femme qui savait habilement abuser de l'inévitable sentiment de culpabilité de cette actrice toujours en vadrouille. Et aussi à mon père qui, de peur de contrarier le gendarme, préférait donner tort à ma mère.

J'étais au désespoir, emprisonnée dans cette toile de contraintes, de consignes, d'habitudes, d'interdits, de règlements que ma nurse avait tissée autour de moi. Cette femme n'était qu'une espèce de robot exécutant un programme sans aucune chaleur humaine. J'étais lavée, habillée, nourrie, coiffée, apprêtée, dressée, enseignée et éduquée sans la moindre trace d'affection. Tout juste avais-je droit à une remarque aimable lorsqu'elle était complimentée sur ma tenue impeccable et mes progrès en lecture.

Ses principes se teintaient fréquemment d'une petite pointe de sadisme, dissimulée sous le prétexte d'une discipline exemplaire. Ainsi, alors que je passais le matin deux ou trois heures à la plage au soleil, il m'était interdit de boire avant midi. Le carabinier prétendait que cela m'empêcherait de manger. J'ai toujours gardé ce souvenir cuisant d'avoir la gorge desséchée au point de ne pas pouvoir parler, et d'être tellement déshydratée que j'aurais bu la mer et ses poissons. Il fallait qu'Odabella se cache pour me désaltérer lorsque je rentrais à la maison.

Odabella ! C'est grâce à elle que j'ai eu la dose de tendresse qui m'a permis de surmonter mes crises d'angoisse. Mais, comme le gendarme estimait que

ses attentions dérangeaient ses principes de discipline, elle s'en plaignit à mon père. Pour éviter les
reproches, Odabella était obligée de dissimuler ses
gestes d'affection.

Ils n'en étaient que plus précieux pour moi. Et je
me souviens encore avec émotion des larmes de mon
Odabella lorsqu'elle tentait de calmer un gros chagrin qui me faisait tressauter de sanglots en me faisant « chut, chut ! » pour que la nurse ne nous
surprenne pas.

*
* *

Pendant ce temps, maman se faisait plus rare à la
maison. Je n'étais pas séparée d'elle, c'est moi qui
allais la voir à Paris, escortée de ma nurse. C'est à
ce moment-là que je me suis rapprochée de ma
grand-mère, qui tenait auprès de moi la place
qu'Odabella occupait à Rome. Je m'étais aussi aperçue que ma nurse était plus arrangeante lorsque
j'étais avec ma mère en France. Elle n'était pas sur
ses terres et se comportait de manière moins intran-
sigeante. Elle devait considérer ces séjours comme
un mal inévitable qu'elle devait supporter. Mais dès
que nous étions dans le train pour retourner à Rome,
alors que j'avais du mal à retenir mon chagrin, elle
ne manquait jamais de me faire sentir que les
vacances étaient terminées et qu'on allait revenir à
un régime plus sévère.

— Arrête de pleurer ! Tu vas retrouver ton père,
il ne sera pas content de constater que tu n'es pas
heureuse de le revoir.

— Mais je ne suis pas triste de revoir papa, je suis
triste de quitter ma maman !

— Ce n'est pas ce qu'il va croire, lui !

Effectivement, les retours n'étaient pas très
agréables. D'autant que les rapports entre mon père

et ma mère n'étaient plus idylliques. Dès mon arrivée, malgré mon jeune âge, j'avais droit à un interrogatoire serré – et très particulier – sur mon séjour à Paris. Car ce qui intéressait mon père, ce n'était malheureusement pas les cadeaux que j'avais reçus ou les séances de guignol du Jardin d'acclimatation. Il voulait savoir s'il y avait un monsieur avec maman, si maman sortait souvent le soir et si elle était là le matin. Et qui étaient ses copains, s'ils embrassaient maman sur la bouche, s'ils dormaient dans le lit de maman…

Bref j'appris très vite, comme bien des enfants de parents qui vivent séparément, à mentir sur ma double vie et à éviter de donner des détails, même les plus insignifiants, de peur de voir mon père devenir tout rouge et se fâcher comme si c'était ma faute ! Cette situation était valable dans les deux sens, et j'évitais tout aussi soigneusement de parler à maman de ces jeunes femmes que j'apercevais dans l'escalier, appuyées au bras de mon père, quand ce n'était pas pire. C'est quand même bizarre, deux êtres qui se trompent et se montrent jaloux à ce point…

La dégradation de leur couple s'était faite assez brusquement, me raconta plus tard Annie, quand elle fut devenue plus qu'une mère : une complice, une part de moi. Maman était extrêmement jalouse de la vie de mon père à Rome, et pour l'avoir vécue, cette vie, je puis affirmer que ce qu'elle imaginait était largement en dessous de la vérité, quant aux infidélités de son beau Renato.

En tout cas pour ce qui me concerne, entre mon grand-père qui s'échappait pour aller voir des putes et mon père qui les recevait directement à la maison, mon éducation, sur ce plan, fut vite faite.

VI

Le passeur

Dans l'histoire des relations tumultueuses entre mon père et ma mère, un homme occupe une place à part, Claude Lelouch. Parce qu'il était metteur en scène, parce qu'elle l'a aimé, parce qu'il a été le premier homme de sa vie après Renato.

L'histoire dépasse largement celle de la comédienne qui tombe amoureuse de son metteur en scène pendant le tournage d'un film. En l'occurrence, il s'agit de *Vivre pour vivre*, avec Yves Montand et Candice Bergen, où maman joue Catherine, l'épouse trompée d'un grand reporter amoureux d'une autre femme.

Tout un programme !

À l'époque, maman traverse une très mauvaise période avec son mari. Lassée de ses infidélités à répétition, Annie, qui était très jalouse mais très amoureuse, découvre un jour qu'elle l'est beaucoup moins... Beaucoup moins jalouse, donc beaucoup moins amoureuse.

La scène originelle se passe dans un hôtel de Londres. Maman me l'a racontée il y a quelques années, avec cette brusquerie dans les paroles qui lui a toujours servi à camoufler un excès de sensibilité. Maman adorait qu'on dise d'elle : « La Girardot ne mâche pas ses mots. » En vérité, elle se cachait derrière les mots, leur violence ou leur gouaille, les déployant comme un éventail, pour qu'on ne voie pas ses lèvres trembler ou ses yeux briller trop.

— Ton salaud de père me racontait des histoires à dormir debout. Et je gobais tout comme une bonne poire ! Jusqu'au jour où j'ai voulu savoir. Ce jour-là, il avait prétendu devoir aller à Londres pour apprendre l'anglais. Tu t'imagines !

— Pas vraiment. Il était incapable d'apprendre une langue étrangère, même le français, qu'il a baragouiné toute sa vie. Je te signale quand même que tu n'étais pas plus douée que lui.

— Bon, soit. En tout cas, il me sert une fable invraisemblable, son anglais à perfectionner, et des repérages à faire en Angleterre avec Christian Marquand. Christian qui avait été témoin à notre mariage, en plus !

— Ça n'a jamais servi de brevet de loyauté.

— Bref, il part. Moi j'essaie de l'avoir au téléphone, impossible. À l'hôtel on me répond toujours que *Monsieur* est sorti, que *Monsieur* n'est pas dans sa chambre. Une espèce de réceptionniste à la gomme a même osé me dire du haut de sa grandeur britannique : « *Monsieur* est parti chasser la grouse en Écosse » ! J'étais totalement exaspérée, la grouse, tu parles ! Quand j'ai enfin eu ton père au bout du fil, et même si je n'ai fait aucune réflexion, il a dû comprendre à ma voix que quelque chose n'allait pas.

Le lendemain, *Monsieur* m'appelle pour me demander de le rejoindre, tout miel, avec les mots qui lui fondent dans la bouche.

— Cette histoire m'amuse beaucoup !

— Pas moi. Je réponds sur le même ton et je débarque dans son hôtel à Londres où il est descendu avec toute une bande du show-business, des copains de Marquand. Ça fait la fête dans tous les coins !

— Tu m'étonnes. J'ai connu les copains de Christian, ils ont passé pas mal de temps à Rome, à la maison.

— Bon. Ton père ? Charmant, prévenant, presque délicat. Trop. Du coup, je commence à avoir de sérieux doutes mais je ne montre rien. J'attends d'être seule dans la chambre, et je me mets à fouiller partout. Il a bien fait le ménage, sauf qu'il a oublié dans la poche d'une veste un petit billet chiffonné avec inscrit : *Arrivederci. Ti amo, Fabia*[1]. Le genre de poulet qu'on laisse sur l'oreiller !

— Tu connaissais cette Fabia ?

— Pas du tout, et toi cela te dit quelque chose ?

— Non, rien[2]...

— C'est une chose de soupçonner une infidélité, c'en est une autre d'en tenir la preuve. Cela m'a fait un choc, mais pas comme je le craignais. J'ai senti que quelque chose s'était éteint en moi. Pas cassé : éteint. Cette flamme qui m'avait rendue très heureuse et qui déclinait depuis pas mal de temps, mouchée d'un coup. Ce petit mot m'a soufflé le cœur !

Soudain, maman s'est tue, son visage s'est crispé et ses yeux se sont ternis, comme si la flamme dont elle venait de parler s'était une nouvelle fois éteinte. Cette conversation a eu lieu il y a quelques années, alors que le mal avait déjà fait ses premières incursions dans sa tête. Je redoutais ces moments qui devenaient de plus en plus fréquents et où, pendant un moment plus ou moins bref, elle disparaissait en laissant derrière elle le corps déserté d'une étrangère.

Puis elle se réanimait – on aurait dit qu'elle avait réintégré sa marionnette – et poursuivait la conversation comme si elle ne l'avait jamais interrompue. Je comparais ces absences aux coupures de courant qui vous figent, égaré dans le noir, jusqu'à ce que la

---

1. « Au revoir. Je t'aime, Fabia. »
2. Pendant plusieurs années, j'ai continué à mentir à ma mère comme à mon père sur leurs « fiancés » respectifs.

lumière revienne. Pendant un court instant, on pense qu'elle ne réapparaîtra jamais, sombre idée que l'on chasse très vite pour conjurer le sort.

La lumière était revenue.

— Je n'ai rien dit. Pas un mot. Je savais que c'était terminé, fini, cramé. Ton père et moi venions de nous séparer et il ne le savait pas encore. Je n'étais plus en colère, j'étais juste un peu triste à l'idée de laisser tous ces moments de complicité, de plaisir et de bonheur derrière nous. Sans violence mais sans pardon.

— C'est terrible ce que tu dis.

— Je ne sais pas si les autres femmes sont comme cela, mais j'ai toujours su, à la seconde, lorsqu'une histoire se terminait. Qui peut comprendre qu'une femme puisse supporter humiliations et blessures sans cesser d'aimer un homme et soudain, pour une peccadille, brûler ce qu'elle a adoré ? Pas les hommes en tout cas, ils ne peuvent pas y croire et pensent toujours qu'il y a une possibilité d'arranger tout. Ils cassent des trucs sans même faire attention et ensuite ils vont développer des trésors d'ingéniosité et de patience pour essayer de recoller les morceaux.

— Papa a essayé ?

— Évidemment. Il a bien senti que quelque chose n'allait plus. Pour me provoquer, il m'a même demandé si je voulais divorcer.

— Et tu y as pensé ?

— Même pas. La vie que nous menions jusqu'alors pouvait parfaitement continuer comme avant. Il y avait toi et je ne tenais pas à divorcer. J'aimais ton père, mais je n'étais plus amoureuse de lui comme je l'avais été. J'avais envie de m'éclater, comme on dit, de ne plus m'emmerder la vie avec des Fabia et autres morues. Et je te prie de croire que je ne m'en suis pas privée !

À ces mots, Annie me fait ce fameux sourire oblique et équivoque que les cinéastes adoraient mettre en boîte.

Et, parmi eux, Claude Lelouch...

*
* *

Maman utilise un joli mot pour parler de Lelouch. Elle dit qu'il fut son *passeur*, l'homme qui lui fit franchir le fleuve entre deux vies.

Lorsqu'elle rencontra Claude, Annie était sur les berges instables d'une carrière qui avait formidablement démarré, mais qui n'avait pas encore déployé toute son envergure.

Les cinéastes ne s'y trompaient pas et lui faisaient toujours confiance, mais le public ne s'était pas encore attaché à cette petite bonne femme qui lui ressemblait trop pour être une star à ses yeux. Or c'était là tout son talent, et l'œil des metteurs en scène l'avait bien capté : la Girardot jouait toujours juste, y compris dans les scènes les plus banales de la vie quotidienne, souvent les plus difficiles à interpréter parce que là, le comédien ne peut et ne doit pas faire appel à ses artifices.

Ma mère m'a expliqué que c'est auprès de Jean Gabin et de Lino Ventura, avec qui elle avait tourné dès ses débuts[1], qu'elle avait trouvé cette force tranquille qui permet à l'acteur de s'exprimer en utilisant son jeu le plus simple. Et en plus, elle avait cette grâce de ne jamais laisser soupçonner le travail lorsqu'elle jouait. Pour l'avoir observée pendant des heures, assise par terre entre les pieds de la caméra, j'ai toujours été impressionnée par le naturel avec lequel elle pouvait reproduire d'une manière aussi juste certains

---

1. *Le rouge est mis*, de Gilles Grangier, 1957 ; *Maigret tend un piège*, de Jean Delannoy, 1958.

gestes, même ceux que, dans la vie, elle était bien incapable d'exécuter.

Cela n'avait pas pu échapper à Lelouch.

Il avait croisé Annie très tôt dans sa carrière, pendant le tournage de *L'Homme aux clefs d'or*[1] où elle jouait une petite garce qui, par dépit, accuse l'un de ses professeurs de viol. Au générique du film, parmi les assistants du réalisateur, on relève en effet un certain Claude Lelouch.

Annie n'avait pas remarqué ce garçon, mais lui en revanche, qui en était à ses débuts, avait flashé professionnellement pour maman. Peut-être même un peu plus, car Annie, dans ce rôle d'adolescente perverse, se révèle très attirante.

Maman me raconta qu'après son premier long métrage – qui fut un échec – Claude imagina le scénario de *Un homme et une femme* en se promenant sur la plage de Deauville et qu'il pensa entre autres à elle pour le rôle féminin. Par la suite, il fixa son choix sur Anouk Aimée, mais la comédienne hésitant avant de donner son accord définitif, Claude crut qu'elle allait renoncer. Il tenta alors de joindre Annie pour savoir si elle était libre…

Maman venait de tourner *Trois chambres à Manhattan*, de Marcel Carné, et avait accepté de jouer pour quelques représentations de *Perséphone*[2] à la Scala de Milan. Elle ne fut pas tenue au courant de cet appel qui avait été, semble-t-il, jugé négligeable par son agent à Paris.

Elle apprit l'anecdote de la bouche même de Claude et regretta toujours, bien sûr, de ne pas avoir pu jouer dans ce film mythique qui consacra Lelouch comme un des plus brillants metteurs en scène de sa génération. Avec la Palme d'or à Cannes et deux oscars à Hollywood, le cinéaste français avait été

---

1. Léo Joannon, 1956, avec Pierre Fresnay.
2. Ballet de Stravinsky. Livret d'André Gide.

Papa…

Maman. Côté coulisses,
les moments, rares, où
je pouvais être contre elle.

Maman s'efforçait de pourvoir le mieux
possible à mes besoins. Ici à Rome en 1963,
elle confie à une nurse un viatique pour
mon entretien.

Papa était aussi généreux que
panier percé.

Odabella, notre « mamma »
à tous, un puits de bonté
et de bienveillance. Il n'y a
guère que sur ces marches
que l'on pouvait la voir
s'asseoir de temps à autre…

Ma grand-mère Giulia
(en médaillon) adorait
Pietro, mon grand-père
paternel (à gauche),
le beau tailleur
de marbre de Carrare.

Ci-contre :
Forte dei Marmi, 1967.
Je tiens énormément
à ces images de tendresse…

Ma vie avec maman… de studios d'enregistrement en loges de théâtre.

Je dois les photos suivantes à ma grand-mère, Maggi, qui ne se séparait jamais de son Kodak...

Moi, Dosolina – la mère d'Odabella –, Barbara – sa petite-fille –, Maria Elisa et Guido – sa belle-fille et son fils –, le petit Simone et Peretti, dit Moko, le compagnon de Maggi.

Avec mes parents, le spectacle, même dans la vie !

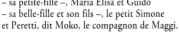

Ci-dessus : ma nurse, alias « le carabinier ». Une terreur !

Ci-dessus : Forte, 1969. Papa n'a jamais oublié ses premières amours. C'est d'ailleurs en tant que plagiste qu'il avait été repéré quelques années plus tôt par un cinéaste italien, Luciano Emmer.

Les après-midi du mois d'août, libérée de ma terrible nurse, je me rends avec maman à la *piazza* du village où mille activités m'attendent.

« Essais de jambes » devant Luchino Visconti, qui a engagé Annie pour le personnage de Nadia, dans *Rocco*…

Rocco et ses frères.
C'est sur ce tournage
que Renato Salvatori,
mon père, et Annie
Girardot se sont rencontrés.
Le coup de foudre !

Ci-dessous :
*Elle boit pas, elle fume
pas, elle drague pas,
mais elle cause*.
Ici avec Mireille Darc
et Michel Audiard. Maman
avait, naturellement,
le parler « audiardesque ».

Ci-dessus : *Vivre pour
vivre*, avec Yves Montand.
Réalisateur : Claude Lelouch.
Celui que maman
baptisa « le passeur ».

La Vieille Fille, avec Philippe Noiret.
Renonçant à son mignon péché,
Annie n'a jamais osé le draguer, elle
le respectait trop !

Ci-contre,
Docteur Françoise Gailland :
son premier César.

À droite : *Madame Marguerite*,
à Paris en 2001. Après sa
dramatique « absence »
à Montevideo, Annie a
courageusement repris
le rôle en tournée. Avec
toutes les précautions que
demandait sa maladie, elle est
allée au bout de ses forces.

Ci-contre :
Coucher de soleil sur Villa
Orietta. « *Al bagno flora* »…

À Belle-Île, Tiba, la fidèle gouvernante
vietnamienne des Fresson, maman
et Odabella : trois cordons-bleus
échangent leurs recettes…

1988. En tournée
pour *Le roi se meurt*,
de Ionesco. Derrière
moi, de gauche
à droite, Jean Saudray,
Daniel Ivernel, Annie
Girardot dans le rôle
de la reine Marguerite
et René Dupuis qui
était aussi le metteur
en scène. Devant,
à gauche, Anne, qui
est aujourd'hui
la répétitrice
de maman et fait
totalement partie
de la famille.

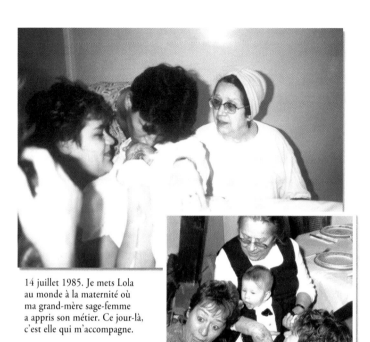

14 juillet 1985. Je mets Lola
au monde à la maternité où
ma grand-mère sage-femme
a appris son métier. Ce jour-là,
c'est elle qui m'accompagne.

Quatre générations…

Avec sa petite-fille, Annie
a retrouvé ses tendresses
maternelles…
et un peu plus de temps !

1992. Lola accueille
son petit frère, Renato.

Quand l'amour traverse les générations...
En haut, Renato dans les bras d'Odabella. En bas, la famille réunie
pour le baptême de mes enfants (au centre), le 14 juillet 1993.
De gauche à droite : Jeannot, moi, mon demi-frère Nils, Danka
sa mère, en partie cachée par Rita, Simone,
maman, une amie de Simone, Barbara et Luca son mari.

projeté, du jour au lendemain, au rang des stars du cinéma international.

Aussi, l'année suivante, lorsqu'il fait appeler maman pour jouer dans *Vivre pour vivre*, il n'a aucun problème pour obtenir son accord ! Annie Girardot a très envie de tourner avec lui, et lui veut la faire travailler.

Mais les producteurs ne sont pas de cet avis.

En face d'Yves Montand en séduisant grand reporter et de la superbe et fatale Candice Bergen dans le rôle de la séductrice, ils sont réticents sur le choix d'Annie Girardot comme épouse bafouée. Elle ne leur apparaît pas suffisamment crédible pour justifier les hésitations de Montand entre les deux femmes.

Ce n'est pas l'opinion de Claude Lelouch qui pense, lui, qu'Annie est une comédienne à la personnalité extrêmement séduisante, et de surcroît physiquement très attirante.

En réalité, la production du film est assez affolée par les exigences de Lelouch qui ne veut rien se refuser, et dont les frais de réalisation enflent au fur et à mesure de ses nouvelles ambitions. Ils souhaiteraient donc qu'on engage une comédienne plus en vogue et donc plus susceptible de les faire rentrer dans leurs fonds. Parce que si Claude Lelouch a beaucoup d'idées, celles-ci coûtent très cher !

Mais le réalisateur a aussi du caractère et de la volonté.

Pour convaincre les producteurs qu'Annie est bien celle qu'il faut pour le rôle, il propose à celle-ci de faire des essais. Comme une débutante.

Le coup est dur à avaler pour la Girardot qui, en dix ans de carrière, a déjà tourné dans plus de trente longs métrages sous la direction des plus grands noms du cinéma européen. Mais Claude se montre convaincant et puis, sa récente gloire lui donne des arguments : Annie n'a rien à redouter de cet exercice, il est absolument sûr de son choix et les essais, il en est persuadé, le confirmeront.

Cet aplomb, cette certitude d'avoir raison vont décider Annie. Elle a toujours aimé avoir des « Maîtres » et elle accepte de se plier à cette exigence qui, quoiqu'elle s'en défende, est passablement humiliante.

Elle tourne les essais et découvre alors ce qui fait l'originalité du cinéaste, cette incroyable énergie qui le fait tourner caméra au poing, dansant autour des comédiens pour les saisir au dépourvu.

Annie est immédiatement séduite. Très vite, son admiration professionnelle va se transformer en admiration tout court puis en désir amoureux. De son côté, Claude Lelouch n'est pas plus indifférent à la femme qu'il ne l'a été à la comédienne.

Ainsi, sur le plateau, se tourne un film qui décortique tous les ressorts d'un drame classique de l'adultère, avec son accompagnement de mensonges, de demi-vérités, de culpabilité, de trahison, de larmes, de jalousie, de passion, de frénésie sexuelle et de fièvres nocturnes.

Et vice et versa – pourrait-on dire –, se déroule dans les coulisses une comédie dramatique avec les mêmes ingrédients dont on peut s'étonner que Claude Lelouch n'ait pas eu l'idée, un jour, de la mettre en scène.

L'argument en est très simple.

Un cinéaste, au cours d'un tournage, a une aventure avec la principale comédienne. Tous deux sont mariés mais rencontrent des difficultés dans leur couple et cette aventure leur sert d'exutoire. Le secret est bien gardé tant qu'ils profitent de leur passion dans les différents pays exotiques où se déroulent les scènes du film. De retour à Paris, la réalité reprend ses droits. Alors qu'ils se retrouvent – peut-être pour la dernière fois comme amants – lors d'un discret week-end dans une auberge de Normandie, ils sont piégés par un paparazzi qui révèle leur liaison. L'un et l'autre sont obligés de faire face publiquement au scandale et d'en assumer les conséquences auprès de leurs conjoints.

Évidemment, il y a maints points communs entre le tournage des scènes de *Vivre pour vivre* et l'histoire personnelle qu'Annie et Claude sont en train d'ébaucher.

Souvent, dans la carrière de maman, il lui arrivera ainsi, fortuitement, de « tourner sa vie ».

*
* *

Claude Lelouch a fait sa réputation en laissant le plus de liberté possible aux comédiens dans les dialogues et les situations, se contentant de filmer sans intervenir. Cette liberté est souvent dure à gérer pour des acteurs qui ont l'habitude d'être dirigés. C'est même angoissant, au début. « Claude nous donnait les répliques au dernier moment pour favoriser l'improvisation », m'expliquait maman.

Pire même, Lelouch avait une méthode terrible pour déstabiliser ses comédiens : il annonçait par exemple à tel acteur que son partenaire lui poserait telle question, mais changeait le texte au dernier moment. Et il filmait la réaction de l'acteur « piégé » au plus près, sûr qu'elle ne serait pas « jouée », mais authentique.

Maman citait en exemple cette scène de *Vivre pour vivre* où elle se trouve face à Montand qui revient chez eux après un reportage en Afrique. Malgré plusieurs semaines d'absence, Montand se désintéresse complètement de sa femme et s'installe dans son fauteuil pour lire son journal. Dans le scénario, Annie tente d'engager le dialogue avec son mari en lui demandant comment s'est passé son séjour.

Juste avant le tournage, Claude avait pris Annie à part.

— Tu laisses tomber ton texte. Tu vas simplement lui demander s'il t'a déjà trompée.

— Comme ça, de but en blanc ?

— Exactement. Tu es exaspérée par son attitude, mais tu te contrôles. Tu es saisie d'une colère froide et tu vas lui poser une question à laquelle il ne s'attend pas. D'ailleurs Montand ne s'y attend vraiment pas, je ne l'ai pas prévenu du changement de texte.

— Qu'est-ce que tu cherches ?

— La panique dans son regard.

L'expérience réussit au-delà des souhaits de Lelouch.

— En posant ma question d'une voix blanche mais précise, j'ai senti que ce n'était plus mon mari dans le film qui levait la tête de son journal pour me fixer avec un mélange de crainte et d'effarement. C'était Yves Montand pris en flagrant délit ! Il s'est mis à bafouiller quelque chose, complètement déstabilisé. La tension était tellement vive qu'il y a eu un blanc et puis Montand s'est ressaisi et l'a pris à la blague. « Dis donc, c'est pas dans le texte ça ! C'est Simone qui t'a demandé de poser cette question ? »

— Il a dit ça ?

— Oui. Et je lui ai répondu : « Non, rassure-toi, c'est Claude ! » Tu comprends pourquoi je te disais que Montand avait pris la question pour lui !

— Il a pensé aussitôt à Simone Signoret.

— Tout de suite ! Après, il a eu l'air un peu vexé. Et puis, encore bien secoué, il s'est tourné vers Lelouch et a hoché la tête dans sa direction. Il avait compris.

— Claude a crié : « Coupez ! » Il avait eu ce qu'il voulait : le moment de panique d'un homme empêtré dans ses mensonges.

— Cela a dû te rappeler quelque chose…

— Tu parles, j'ai eu l'impression de voir ton père.

*
* *

La manière dont l'histoire entre Claude et maman s'est terminée est d'une désespérante banalité. Que pensez-vous que fit Claude Lelouch après que sa liaison avec Annie fut révélée dans la presse ? Il alla casser la gueule du journaliste !

Que pensez-vous que fit maman, lorsque les journaux italiens firent leurs choux gras de cette indiscrétion, ce qui rendit Renato ivre de rage ? Elle se précipita à Rome pour le consoler, lui assurer qu'il ne s'agissait que d'une passade, et d'une bien petite vengeance au regard de ses propres infidélités. Et lui jurer, enfin, qu'il était toujours l'homme de sa vie !

Maman en profita aussi pour m'embrasser et s'extasier sur mes progrès en lecture et à l'écrit.

*
* *

Il est vrai que sous la direction du « carabinier » j'avais appris à lire et à écrire très tôt. Lire ne m'avait pas posé de problèmes mais écrire, beaucoup plus. J'étais gauchère et le carabinier avait décidé que j'écrirais de la main droite. Dans ce but, elle m'attachait le bras gauche derrière le dos. Pour pouvoir écrire, je plaçais ma feuille presque à l'envers.

J'étais une petite fille bien solitaire et très docile. Aussi, constatant mes progrès, maman décida qu'elle m'enverrait dorénavant des lettres, pour m'encourager à la lecture et aussi pour me familiariser avec la langue française que je n'avais pas beaucoup l'occasion de pratiquer. À l'exception des séjours que je faisais régulièrement en France où ma grand-mère

Maggi m'obligeait patiemment à lui parler et à lui répondre dans ma langue maternelle.

C'est grâce à ces efforts que je devins bilingue, quoique ma langue paternelle soit toujours restée prédominante. Lorsque je suis sous le coup d'une émotion, les mots me viennent spontanément en italien, principalement lorsque je me mets en colère. Là, je retrouve le langage plutôt vert du quartier de mon enfance.

Mon père ne me délaissait pas mais, n'ayant qu'une idée assez approximative de l'éducation des filles et peu d'expérience à ce propos, il s'en remettait, pour la part « féminine », à ma nurse. Pour le reste, il me considérait comme il l'avait toujours souhaité au fond de lui-même, comme un garçon.

Une fois par mois, papa m'examinait avec attention et je reconnaissais dans son œil ce petit air sévère et réprobateur.

— Giulia, tu as les cheveux trop longs ! Il faut que tu ailles chez le *parrucchiere* !

J'appréhendais ce moment et tentais de dissimuler mes bouclettes naissantes par quelque artifice, mais mes cheveux de fille avaient tendance à pousser plus vite que ceux d'un garçon, ce qui laissait papa dans une grande perplexité. En général, un beau matin, il parvenait à me coincer et m'annonçait d'un ton sans réplique :

— Tu m'accompagnes chez le *barbiere* !

Mon père avait coutume de se faire faire la barbe au bout de la rue dans une échoppe de barbier qui avait à peine changé depuis le Moyen Âge. Dans une salle tout en longueur, carrelée d'un blanc douteux, s'alignait une rangée de fauteuils massifs recouverts de simili rouge craquelé, montés sur roulement à billes et bardés de supporte-pieds, supporte-tête et supporte-bras en acier chromé.

Les murs étaient tapissés de grands miroirs piqués de crottes de mouches. Le sol impeccable était balayé et lavé régulièrement. « C'est pour l'hygiène », disait le *barbiere* en demandant aux clients qui attendaient leur tour, assis sur des chaises, de lever les pieds afin qu'il puisse passer la serpillière.

Et puis il y avait cette odeur typiquement masculine de lotion pour le visage, de tabac froid, de crasse bien culottée et par-dessus tout le parfum écœurant d'une espèce de gel dont le barbier s'enduisait les cheveux pour les plaquer sur son crâne.

En pénétrant dans la boutique, je tremblais à l'idée d'affronter le regard de ces hommes qui faisaient salon, en lisant leur journal et en commentant les résultats sportifs. Le barbier interdisait qu'on parle politique dans son échoppe depuis qu'un client avait menacé d'en égorger un autre, qui n'était pas de son avis, à l'aide d'un des rasoirs alignés sur la paillasse.

J'avais raison d'être terrifiée. Dès notre entrée dans le salon, tous les yeux se tournaient vers mon père puis se fixaient sur moi et infailliblement l'un des clients lançait :

— Il a les cheveux bien longs, ce garçon. On dirait une fille. Ah ! Ah ! Ah !

J'attendais vainement que mon père proteste, mais il se contentait de dire au barbier :

— Comme d'habitude, Amleto !

Et pour que l'humiliation soit complète, Amleto allait chercher une pile d'annuaires usagés qu'il glissait sous mes fesses et m'ensevelissait sous une immense serviette rêche en annonçant :

— Et un « brushing » pour la petite demoiselle !

Sur ce, il me faisait à la tondeuse une coupe garçonnet : court devant, court derrière et bien dégagé sur les côtés.

Outre les séances chez le barbier, mon père décidait également de m'habiller, soit parce que mes vêtements étaient devenus trop courts, soit parce que Odabella lui signalait qu'il me fallait quelque chose de neuf à me mettre.

Papa m'emmenait renouveler ma garde-robe deux fois par an : avant l'été et avant l'hiver.

Le rituel était toujours le même, il me disait « Giulia ! » et je comprenais vite : ces achats m'enchantaient ! On arrivait dans la boutique, toujours la même, où il me faisait essayer des polos ou des chemises, et lorsqu'un modèle lui plaisait il en commandait trois ou quatre exemplaires avec des couleurs différentes, bleu, rouge, vert...

Exactement comme il choisissait ses propres chemises.

Il me prenait aussi une série de pantalons identiques mais il ne m'a jamais offert de jupe. Il avait un certain nombre de principes concernant l'élégance des filles, le genre classique, archi-classique. Pour les pulls, je n'avais pas droit aux cols roulés, uniquement des cols en V. Et il achetait toujours les marques et les trucs les plus chers. Parfois, j'avais honte de les mettre pour aller en classe : c'était plutôt l'époque jean troué et pull informe.

Estimant que j'étais ainsi parée pour quelque temps, papa ne dérogeait à cette manie d'acheter par lots que pour les chaussures. Grâce à cette vénération qu'il leur portait, j'avais le droit de choisir moi-même mes sandales ou mes vernis. Il n'était pas question, bien sûr, de porter des escarpins.

Et puis, il y avait *La robe*. Une fois l'an, juste avant Noël, papa m'achetait une robe. Cet événement était dû à une tradition.

Tous les ans, il prenait ses quartiers d'hiver à Cortina d'Ampezzo, pour jouer au poker. Nous habitions tous les deux à l'hôtel Posta, un vieil hôtel classique, douillet, où nous restions pendant trois mois. Le soir, je dînais avec lui et comme il fréquentait « des ducs et des duchesses », je devais descendre en robe à la salle à manger.

Cela dura des années. Lorsque j'étais enfant, ma nurse m'accompagnait. Plus tard, livrée à moi-même quand mon père jouait ses interminables parties, j'étais placée sous la sauvegarde du concierge, des grooms et de tout le personnel de l'hôtel.

Moins mon père tournait de films, plus il jouait. Par la force des choses, il était devenu joueur professionnel et, quand il ne tournait pas, c'était le poker qui faisait bouillir la marmite.

Certains soirs, il se préparait avec soin avant de sortir et rien qu'à la manière dont il s'habillait, nous savions, Odabella et moi, s'il sortait avec des amis ou s'il allait jouer.

— Ah ! *C'è la partita, questa sera !*

Nous attendions alors son retour. Il pouvait aussi bien rentrer au petit matin que le lendemain. Une fois il est resté pendant trois jours à la table de jeu. Odabella avait hâte qu'il revienne car, quelquefois, il n'y avait plus grand-chose à la maison. Lorsqu'il arrivait rayonnant, en agitant les chèques au-dessus de la tête, c'était la fête.

— C'est bon, on a à manger pour un mois, au moins.

Le lendemain, avec Odabella, ils allaient faire les courses en grand.

Je me souviens avec bonheur de ces moments où il sortait de la voiture les victuailles qu'il allait dénicher dans les meilleurs endroits. S'entassaient sur la table de la cuisine des jambons entiers, de la coppa, du parmesan et de la mozzarella. Des escalopes de veau, des volailles de la campagne et même du poisson. Des bocaux de tomates, de poivrons et d'anchois au vinaigre. Et puis tous ces petits légumes – poivrade, tomates, oignons confits, champignons –, rangés en couches successives dans des jarres de verre qui vous mettaient l'eau à la bouche rien qu'à les regarder.

Il y avait aussi, pour les mauvais jours, des kilos de pâtes et de quoi confectionner des lasagnes pour une armée en campagne...

Parfois, en effet, papa rentrait de la partie sans rien dire et montait directement se coucher. Pas de fête ce matin-là.

En général, quelques jours plus tard, il m'annonçait :

— Giulia, tu vas à Paris. Ta mère a envoyé un billet.

Je savais ce que cela signifiait : papa avait appelé au secours et maman, comme toujours, ne l'avait pas laissé tomber. C'était moi qui étais chargée d'aller chercher de l'argent. Ces allers et retours Paris-Rome se multipliant, papa m'avait fabriqué une tenue propice à l'opération. Je portais de grandes bottes spéciales, un pantalon, un pull large et un énorme blouson.

Mon père m'accompagnait à l'aéroport et m'embrassait toujours un peu ému ces fois-là. Je revenais souvent le soir même, parfois je restais quelques jours à Paris avec maman et ma grandmère Maggi.

À cause du contrôle des changes, il était compliqué d'envoyer des fonds de France en Italie. Quant à transporter de l'argent liquide, c'était un délit audelà d'une certaine somme. Et c'était strictement contrôlé ! Mais il y avait très peu de chances que l'on contrôle une gamine qui voyageait seule sous la responsabilité de la compagnie aérienne.

C'est ainsi que pendant plusieurs années, à partir de l'âge de dix ans, j'ai fait du trafic de devises entre la France et l'Italie.

106

Lorsque je partais de Paris, Maggi me tapissait le corps avec des billets de banque. C'étaient des francs suisses, très recherchés en Italie. J'en avais jusque dans mes bottes et même dans ma culotte. Ce qui posait un problème majeur : je ne pouvais pas aller faire pipi sans éparpiller les coupures dans les toilettes.

Aussi étais-je obligée de me retenir, en priant pour que l'avion parte et arrive à l'heure. Ce n'était pas toujours le cas, et j'avais des sueurs froides en entendant la voix sirupeuse de l'hôtesse annonçant que l'avion décollerait avec une ou deux heures de retard. Bardée de billets, je rongeais mon frein en serrant les cuisses. Quand enfin je débarquais de l'avion à Rome, c'était la course jusqu'à la maison.

À peine avais-je franchi la porte, je me déshabillais en courant vers les toilettes, baissant mon pantalon dans une envolée de billets de francs suisses qu'Odabella recueillait pieusement derrière moi. À moi la délivrance…

Depuis, je ne peux plus voir un billet suisse sans avoir une terrible envie de faire pipi.

VII

Annie et ses hommes

Ce matin, maman est en forme et je suis bien contente de la trouver aussi jolie. Valera, le garçon qui s'occupe d'elle depuis que la maladie l'empêche de s'habiller toute seule, l'a soigneusement coiffée et maquillée. Il lui a mis un chemisier blanc avec des petites fleurs, celui qu'elle a rapporté de Russie, et la voilà assise, à table, la main droite soigneusement posée à côté de l'assiette, la main gauche sur sa cuisse.

Cette main gauche dont elle ne sait plus se servir n'est pourtant ni atrophiée, ni paralysée. Maman a juste *oublié* comment on fait pour utiliser un bras.

La première fois que je m'en suis aperçue, elle était à table et s'apprêtait à déguster un yaourt posé devant elle.

— J'adore les yaourts ! me dit-elle joyeusement.

Seulement, pour manger un yaourt, il faut tenir le pot de la main gauche, si l'on est droitière. Or cette main reste dans le vide tandis qu'Annie attaque le yaourt avec sa petite cuillère et tente désespérément d'empêcher le pot de lui échapper.

— Maman… Quelque chose ne va pas ?

— Non, non… C'est ce foutu yaourt qui se débine tout le temps…

— Mais, maman, tiens-le !

Elle me regarde, hébétée… Je prends sa main inerte, la soulève, la main s'accroche à la table, j'ai du mal à la détacher, je parviens à l'enrouler délicatement autour du pot de yaourt.

— Tu vois, maintenant tu peux manger...

Elle me lance un regard furieux, renverse de la main droite le yaourt sur la table, et s'écrie comme une adolescente butée :

— Bon, ça va, je ferme ma gueule. De toute façon j'ai toujours tort.

Je suis devenue « l'autorité », et parfois elle le supporte mal...

À partir de ce jour, elle n'a plus jamais réussi à retrouver le mode d'emploi de son bras et de sa main. En la regardant je songe à ma fille Lola, lorsqu'elle est née. Je me souviens de son premier geste, elle s'est agrippée à mon doigt, comme font tous les bébés. Elle savait d'instinct que pour vivre, il faut s'agripper à la vie.

Maman ne sait plus s'agripper à la vie.

Pourtant je vois dans son regard, qui s'illumine parfois comme si elle voyait quelque chose au loin, qu'elle a envie de vivre. Le problème c'est qu'elle ne sait plus comment.

Elle ne sait plus pourquoi.

Alors une immense bouffée de tendresse me monte dans la poitrine, jusqu'à me piquer les yeux et le nez.

Maman, mon bébé...

La radio est branchée sur Nostalgie, et Annie mange tranquillement le steak que je lui ai découpé et les légumes, en petits morceaux, qui l'accompagnent. J'ai retrouvé les gestes du passé, quand je préparais les premiers repas de ma fille...

Maman soudain se fige et détourne le visage vers la radio. Un air connu emplit la pièce. Son visage s'illumine.

Dans le pooort d'Amsterdaaaam…

— C'est Jacques ! C'est lui. Il change pas, hein ! J'aimerais bien le revoir. Enfin pas dans l'état où je suis. Il ne me reconnaîtrait pas… Tu ne peux pas t'imaginer comme il était beau ! Ses mains, son visage…

Elle se tait et semble écouter religieusement la chanson, à moins qu'elle ne traverse un de ses « moments ailleurs ». J'essaie de la stimuler en lui parlant de Brel.

Elle sourit à mes questions, refugiée quelque part où elle doit garder ses souvenirs les plus précieux. J'imagine que c'est une petite boîte à secrets, protégée comme un journal intime, cadenassée dans ce qui lui reste de mémoire. Elle n'en parle pas, mais un petit sourire flotte sur ses lèvres lorsqu'elle va lui rendre visite.

*
* *

Maman était une fan de Jacques Brel depuis toujours. Jeune fille, elle ne ratait jamais un de ses concerts. Après la représentation elle restait à proximité de la salle de spectacle pour l'apercevoir encore, alors qu'il allait manger un morceau avec ses amis dans un bistrot du coin. En aucun cas elle n'aurait osé l'aborder, elle se contentait de le regarder de loin et surtout d'écouter ses disques sur son Teppaz[1] toute la nuit.

Brel faisait vibrer Annie comme aucun autre chanteur.

Maman n'est déjà plus une inconnue lorsque, fin 1966, le grand Jacques décide de quitter le music-hall et entame une tournée d'adieu internationale en commençant par l'Olympia. Après le spectacle, émue aux larmes, Annie se décide à frapper à la porte de

---

1. Fameuse marque de tourne-disques des années soixante.

sa loge. Le chanteur la reçoit affectueusement et quand elle lui reproche de quitter ses admirateurs, il lui répond simplement que c'est par respect pour eux.

— Tu comprends, m'a expliqué maman, chanter sur scène ne le faisait plus bander. Il ne voulait pas que son spectacle devienne une routine, un show trop bien rodé, ennuyeux. Jacques aimait le risque et l'aventure. Et puis, il voulait faire du cinéma.

Telle que je la connais, ce soir-là dans la loge de Brel, Annie a dû lui laisser entendre qu'elle n'était pas indifférente à son charme. Maman a toujours aimé planter des petites marques de séduction sur les hommes qui lui plaisaient, abandonnant au destin ou au temps le soin de les faire mûrir, puis se faner ou éclore…

Pour Jacques Brel le destin lui fut favorable.

Quelque temps après la soirée de l'Olympia, en effet, Annie est contactée par Philippe Fourastié, un ancien assistant de Jean-Luc Godard qui s'est attaqué à l'un des mythes d'avant-guerre, la bande d'anarchistes qui terrorisa les bourgeois parisiens et belges du début du XXe siècle, « la bande à Bonnot ». Si Jules Bonnot est interprété par l'excellent Bruno Crémer, le réalisateur a choisi Jacques Brel pour le rôle de Raymond la Science, et demande à Annie de jouer celui de Maria la Belge.

Pendant le tournage une idylle s'ébauche. Annie, casquette sur le côté et bottines haut lacées, fait virevolter ses jupes sous le nez d'un Brel affublé des petites lunettes rondes de La Science, qu'il manque de laisser choir de saisissement. Ce « marivaudage chez les anarchistes » débouche bien entendu sur une aventure de tournage, qui se prolongera néanmoins après la sortie du film.

Leur histoire, bien qu'elle soit très vite connue dans le petit milieu du cinéma, restera pour maman une liaison à la fois merveilleuse et frustrante. Brel se comportait avec elle comme avec une groupie. Il venait la voir de temps à autre place des Vosges, passait la nuit ou juste quelques heures avec elle, puis repartait. Je crois que pour maman, il était l'exacte incarnation des chansons qui l'avaient tant émue. Il était ce marin qui se plante le nez au ciel et se mouche dans les étoiles et elle, cette servante qui va tendre son grand lit de draps blancs, parce que Jacques est revenu.

Par pudeur, l'un et l'autre ne parlaient jamais d'amour et se contentaient d'appeler plaisir ce qu'ils faisaient ensemble. Mais elle aura plus tard pour Brel des mots d'une tendresse et d'une indulgence absolues, qu'elle n'aura pour aucun autre homme.

À la mort de Jacques, maman restera plusieurs heures cloîtrée, à écouter son dernier enregistrement, perdue dans ses regrets de ne lui avoir jamais dit « je t'aime ».

Comme s'il ne l'avait jamais su !

> *Bien sûr il y a nos défaites*
> *Et puis la mort qui est tout au bout.*

*
* *

Sur le plan professionnel et personnel, maman n'eut pas à se plaindre de l'avènement des seventies. Elle allait enfin devenir la star qu'elle avait toujours rêvé d'être. Mais une star hexagonale, qui va rencontrer le succès dans deux genres typiquement french et complètement opposés : le drame socio-psycho et la comédie franchouillarde.

De qualité, *of course* !

La performance sera de passer de Cayatte à Michel Audiard, de Jean-Pierre Blanc à Philippe de Broca. Bref, d'être à la fois *La Vieille Fille* ou le *Dr Françoise Gailland*, l'héroïne de *Elle boit pas, elle fume pas, elle drague pas, mais… elle cause !*, ou de jouer dans *Tendre poulet* comme dans *La Cuisse de Jupiter*.

Tous ces films ont marqué ma mère, surtout à cause des rencontres professionnelles qu'elle y a faites.

Il y eut d'abord Michel Audiard, le seigneur des bons mots, avec lequel elle tissa de solides liens de complicité. Annie a toujours été une amoureuse du verbe et, en vrai saltimbanque, elle était émerveillée par ceux qui savaient jongler avec les mots. Dans ce milieu du cinéma où l'on tuerait pour un trait d'esprit, les répliques d'Audiard confinaient au crime parfait. Michel, contrairement à ce que prétend le titre de leur film, *Elle boit pas, elle fume pas, elle drague pas, mais… elle cause !*, avait réussi à clouer le bec de maman : elle était muette d'admiration. Elle lui rendait grâce d'une manière très féminine et très sensuelle : « Dire les mots d'Audiard, c'est enfiler une robe de soie sur une peau bronzée. » Il faut dire aussi qu'elle possédait d'instinct le « parler Audiard », cette gouaille, ce débit, ce ton particulier qui n'était pas donné à toutes les comédiennes. Audiard l'a vite compris et travailler ensemble, pour eux deux, fut toujours un réel bonheur.

L'autre grande rencontre professionnelle d'Annie fut Philippe Noiret, qu'elle connut sur le tournage de *La Vieille Fille*[1] et avec qui elle forma un de ces couples mythiques dont raffole le public. Le succès des films qu'ils tournèrent ensemble tient en grande partie à l'image qu'ils reproduisaient d'un « ménage » bien français. Lui se montrait un peu balourd, cœur de lion en charentaises et lippe gourmande de petits plats. Elle portait la culotte mais pas d'vant l'monde ; à mi-chemin entre la mégère et la fa-femme à son lapin, l'œil à tout et l'oreille dressée, elle veillait au grain.

---

1. Jean-Pierre Blanc, 1971.

Ni l'un ni l'autre, dans la vie, ne ressemblaient à ces rôles de composition et je crois que maman, oubliant pour une fois son mignon péché, n'essaya jamais de draguer Noiret. Leurs relations cinématographiques avaient fait d'eux, dès le début, un vieux couple. Leur affection était plus fraternelle qu'amoureuse, bien que maman appréciât l'extrême galanterie dont Noiret ne se départait jamais, et cette délicatesse de géant qui en faisait naturellement un grand bonhomme.

Lorsque j'appris la mort de Philippe Noiret, emporté en 2006 par un cancer foudroyant, j'hésitai à en avertir maman, dont je redoutais la réaction. Celle-ci pouvait varier de l'indifférence absolue à la plus extrême des confusions. Depuis que la maladie s'était installée, j'avais remarqué que les chocs émotionnels se traduisaient souvent par une période d'agitation, suivie d'une prostration que je ne souhaitais pas.

Ce jour-là, maman avait rendez-vous avec le coiffeur chez qui elle allait régulièrement malgré son état, ce qui lui faisait un bien fou. Évidemment les journaux titraient sur la disparition de Philippe et il aurait été bien surprenant qu'Annie ne s'en aperçoive pas. En plus, sa coiffeuse, sachant qu'ils avaient tourné ensemble, lui posa des questions sur lui. Étrangement – et c'est un des paradoxes de cette terrible affection –, maman lui parla – je le saurai plus tard – avec une grande lucidité de ses rapports avec Philippe Noiret. Et le soir même, elle évoqua pour moi son cher Philippe avec des mots d'autant plus touchants que je m'aperçus qu'elle avait très bien compris qu'il était mort. Elle fit juste un peu de confusion, pendant un instant, en mélangeant la disparition de Noiret et celle de Renato.

— Sais-tu quand il va être enterré ?

— Dans les jours qui viennent, maman. Mais tu ne veux pas y aller, tout de même ?

— Si, je veux y aller ! Je serai au côté de Philippe une dernière fois.

— Tu vas te fatiguer. Il y aura beaucoup de monde…

— Tu t'imagines que je crois qu'il n'y aura personne à l'enterrement de Noiret ? Tu me prends pour une idiote. J'irai !

— OK, maman. Je ne pourrai pas t'accompagner, mais je vais demander à Léo de t'emmener.

— Léo ? Celui qui s'occupe de mes affaires ?

— Oui.

— Bon, si tu veux, mais j'y vais !

À la basilique Sainte-Clotilde, où fut célébrée la messe, ils étaient nombreux à être venus faire leurs adieux au grand Noiret, et j'eus une petite bouffée de fierté en voyant à la télévision maman, très digne au bras de Léo, monter les marches de l'église, en faisant un sourire à la caméra.

*
* *

Les amours de maman n'ont pas toujours été aussi platoniques et les remous qu'elles ont provoqués prirent parfois des tournures d'ouragan.

Je me souviens d'une série d'événements, au début des années soixante-dix, dont l'un, d'ailleurs, allait changer le cours de mon existence…. Ma grand-mère y aurait vu un signe ou une conjonction des astres, moi j'y vois plutôt un imbroglio sans pareil dont j'allais bénéficier.

Par extraordinaire, cette année-là, mon père et ma mère tournaient au même moment, dans des films différents, à quelques kilomètres l'un de l'autre.

116

L'affaire se passait dans le Doubs, autour de Pontarlier. Maman tenait le rôle principal dans *Les Feux de la Chandeleur*, de Serge Korber. Quant à papa, il jouait l'aubergiste dans *Les Granges brûlées*, de Jean Chapot, avec Alain Delon. Deux films qui font aujourd'hui partie des classiques du cinéma français. Pour l'heure, la proximité du tournage avec mon père n'enchantait pas ma mère qui, connaissant son caractère jaloux et violent, redoutait quelque esclandre.

Bien sûr, il était sous-entendu que papa et maman menaient chacun leur vie, mais Annie préférait quand même mettre la plus grande distance entre son mari et ses propres escapades. Souvent en vain : mon père était capable de traverser une bonne partie de l'Italie et de la France pour aller signifier à « la Girardote » qu'il était toujours son mari ! Bruyamment et avec énergie. C'est-à-dire avec quelques hurlements suivis de claques qui se terminaient invariablement par l'affirmation immédiate de son droit conjugal. Une conduite assez primitive certes, mais qui ne manquait pas de piment. Cette manifestation de mâle courroucé avait le don de calmer papa qui repartait en Italie satisfait de sa prestation.

Le dernier de ces éclats s'était produit à Paris, lors du tournage d'un film qui accaparait suffisamment Annie pour qu'elle ne songe pas à flirter avec qui que ce soit. Mais allez savoir ce qui se passe dans la tête d'un Latin jaloux ! Une intonation un peu froide lors de leur dernière conversation téléphonique, Annie n'étant pas venue à Rome depuis un certain temps : voilà que papa, soupçonnant une infidélité de « sa femme », fait un voyage éclair à Paris, déboulant sans prévenir place des Vosges. Dans la bagarre qui suit son arrivée, il casse tout dans l'appartement, y compris un objet de grande valeur qu'un ami d'Annie, parti en séjour à l'étranger et contraint de louer en meublé son appartement, lui avait demandé de garder pour qu'il soit « en sécurité » !

Cette scène avait eu lieu quelque temps avant le tournage des *Feux de la Chandeleur* où maman jouait, cette fois, l'épouse gauchiste d'un notaire de province. Dix ans après leur séparation, la femme du notaire tente de reconquérir son mari le jour de la Chandeleur, puis, croyant qu'elle a échoué, meurt d'amour pour lui. Jean Rochefort incarnait avec panache et sensibilité ce notaire coincé entre les élans de son cœur et le poids des conventions. En apprenant qu'Annie serait sa partenaire, il lui avait décoché un compliment qui l'avait remplie d'aise.

— Ma chère Annie, comment pourrait-on croire que vous puissiez mourir d'amour pour un homme tel que moi ?

Et maman de répliquer en roucoulant que c'était tout à fait crédible, etc. Comme quoi, les actrices sont sensibles à toutes les flatteries, même les plus énormes. Rochefort, séducteur avisé, esprit fin et pince-sans-rire, l'avait parfaitement compris.

Mais ce n'était pas Jean Rochefort que maman convoitait sur ce film, c'était un autre homme, Bernard Fresson.

— Dès que je l'ai vu en muscles et en os, je peux te dire que je me suis sentie toute bizarre. Je connaissais l'acteur pour l'avoir vu jouer au théâtre ou bien à la télé. C'était un comédien inclassable, il le disait lui-même, et on le voyait souvent dans des rôles pas très longs mais où il incarnait des personnages typés, plutôt des « beaufs » que des intellos. Et pourtant…

— Tu es tombée amoureuse tout de suite ? J'étais avec toi sur le tournage, mais je ne me souviens pas du début de votre histoire.

— Non, tu ne le peux pas, cela s'est fait très dis-crètement. N'oublie pas que ton père jouait à quelques kilomètres de là avec Alain Delon et Simone Signoret. Cela s'est fait progressivement. J'étais très intimidée.

— Vraiment ? Cela ne te ressemble pas.

— Bernard n'était pas seulement le genre gros nounours, gentil bougon. C'était aussi une tête : il avait fait des études de maths très poussées et il était diplômé d'HEC[1]. Sans compter ce qui m'impressionnait le plus : il parlait anglais, allemand, espagnol et italien. Son intelligence m'a séduite autant que son corps. Le coup de foudre, quoi !

Bernard Fresson et Annie Girardot entament donc une liaison que maman qualifiera de torride. En fait, à mon avis, il s'agit plutôt d'une passion destructrice. Leurs rapports, qui dès le départ ont été placés sous le signe de la violence, ne vont pas cesser d'empirer. Malgré tout, Annie tentera de maintenir leur couple envers et contre tout, et surtout malgré Fresson, que la jalousie transforme souvent en fauve.

— J'ai aimé cet homme, peut-être plus encore que j'ai aimé ton père. Il avait acquis sur moi un ascendant physique dont je ne me suis jamais totalement délivrée. Où que je sois, il n'avait qu'à m'appeler et j'accourais. Lui aussi m'a aimée très fort, passionnément, excessivement. Il a failli me démolir, mais je crois que je l'aimerai toujours. En dépit de tout.

Le tournage des deux films dans le Doubs n'améliore pas les rapports entre mes parents. Renato épie maman et comme il tourne tout près d'elle, il la rejoint souvent sur le plateau. Girardot et Fresson vivent donc dangereusement, ce qui, on le sait, pimente toujours les relations adultérines.

_____

1. Hautes études commerciales. Prestigieuse école de commerce située à Jouy-en-Josas.

Il règne néanmoins une atmosphère très pesante sur ce tournage mais grâce à cette tension, pour moi, va sonner l'heure de la délivrance.

Rappelons que je suis encore une gamine et que je reste sous la surveillance tyrannique du « carabinier », cette nurse qui me pourrit littéralement la vie. Elle m'a donc accompagnée sur les lieux et là, elle va commettre *l'erreur* salvatrice.

Le carabinier se lance en effet dans une stupide opération de médisance à propos d'un jeune homme d'origine vietnamienne engagé comme assistant, c'est-à-dire comme homme à tout faire de la production. Pour des raisons mystérieuses, le carabinier l'a pris en grippe et commence à répandre sur lui des bruits calomnieux. Ce garçon étant homosexuel, elle laisse entendre à ma mère qu'il couche avec mon père. Et à mon père, elle raconte qu'il drague maman. De plus, la production s'aperçoit que le carabinier renseigne des journalistes spécialisés et colporte des histoires sur les à-côtés du film. On saisit même un journal où elle retranscrit quotidiennement ce qui se passe sur le plateau et dans les coulisses.

À ma grande jubilation, elle est aussitôt virée « à coups de pied dans le cul », selon l'expression de maman. Mon père est bien obligé de se rendre à l'évidence : la perle des nurses n'est qu'un horrible cafard.

Exit le carabinier !

Mais que faire de moi ?

La solution est vite trouvée : le petit garçon du réalisateur Serge Korber, qui habite avec ses parents pendant le tournage, bénéficie des soins d'une institutrice privée. On décide donc de me confier à cette jeune femme pendant la journée.

Cool !

Je m'aperçois rapidement qu'elle arrive à dix heures, les cheveux en bataille, le corsage boutonné à l'envers et les yeux battus. Et que pendant que nous faisons « classe verte », elle récupère en ronflant dans un coin. Le rêve pour deux garnements qui ne songent qu'à s'amuser !

Ce film va se terminer sans que Renato et Bernard se foutent sur la gueule, ni qu'Alain Delon se mêle de ce qui ne le regarde pas. En fait Salvatori et Fresson se connaissent depuis le tournage de *Z*, de Costa-Gavras, et sont assez copains. Et paradoxalement, il semble que Renato n'ait pas eu de soupçon, à ce moment-là, concernant Bernard. Les trois machos se contentent donc de jouer au poker dans la villa qu'occupe ma mère, sans savoir – du moins pour ce qui est de Renato – que lorsque Alain et lui rejoignent le plateau des *Granges brûlées*, Annie et Bernard s'envoient en l'air dans la chambre au-dessus. Delon, lui, n'est pas dupe…

L'affaire n'en restera pas là, et Delon trouvera le moyen de faire payer à maman cette trahison envers son ami quelques mois plus tard.

Comme on dit au cinéma : changement de décor, Belle-Île-en-Mer…

Le réalisateur Alain Jessua donne les premiers tours de manivelle de *Traitement de choc*, un thriller aux connotations fantastiques qui se déroule dans une mystérieuse clinique de rajeunissement d'où disparaissent de jeunes employés portugais. Annie y interprète une jeune femme plaquée par son amant, venue rejoindre l'un de ses amis qui suit une cure dans cet établissement. Une confrontation va opposer l'étrange médecin qui dirige la clinique, joué par Alain Delon, et la jeune femme – Annie Girardot – qui mène son enquête après la mort étrange de son ami.

Bernard Fresson, qui ne joue pas dans le film, a rejoint Annie sur le tournage et s'installe dans une villa louée par ma mère. Moi aussi je suis là, ravie de voir maman tourner, et je joue dans les rochers ou sur la plage avec les enfants de Fresson.

Nous sommes bien loin de ces histoires d'adultes quand je rentre un après-midi et trouve maman sens dessus dessous. L'explication ne tarde pas.

— Ton père débarque !

Il ne s'est pas annoncé mais les nouvelles vont vite et Annie a été prévenue à temps. Une équipe du film rassemble les affaires de Fresson et fait disparaître toute trace de sa présence. Maman, elle, se précipite sur le port pour accueillir mon père et le retarder jusqu'à ce que tout soit net. Elle n'a même pas eu besoin de me demander de me taire, j'ai appris que dans ces cas-là, il valait mieux ne pas m'en mêler.

Papa ne va rester que quelques heures à Belle-Île, malgré la présence de son ami Alain. Ayant vérifié qu'il ne se passait rien d'anormal, il ne s'attarde pas. Delon n'a pas moufté, mais n'en pense pas moins.

Quelques jours plus tard, pendant le tournage d'une scène entre le monstrueux médecin et sa patiente, Alain est censé frapper Annie qui, elle, doit s'emparer d'un couteau et tenter de le tuer.

Mais cette fois-ci, ce n'est pas du cinéma ! Alain lui décoche une formidable gifle qui lui retourne la tête et lui tire les larmes des yeux. Sonnée, Annie n'a pas le temps de réaliser qu'il lui en retourne une deuxième, puis une troisième… La Girardot est en train de prendre une correction de première devant Alain Jessua et les techniciens de plateau qui en restent stupéfaits.

Annie comprend alors qu'Alain ne joue pas : il est bel et bien en train de venger son ami Renato et profite de la situation pour le faire en toute impunité. Les joues en feu, elle pique une crise de nerfs et se jette en hurlant sur Delon pour lui bourrer la poitrine de coups de poing. La séquence tourne au psychodrame. Delon comprend qu'il a été trop loin, arrête de frapper et recule prudemment. Jessua crie « Coupez ! » et attrape dans ses bras une Annie hoquetante, hystérique, qui s'étrangle de frayeur et de rage.

Maman restera longtemps marquée par cette scène, bien qu'elle trouve toutes les excuses possibles à Alain Delon qu'elle aime comme un grand frère adoré.

— De toute façon, je ne sais pas pourquoi, mais j'ai toujours pris des claques dans les films, et pas pour rigoler, je t'assure ! On aurait dit que les mecs aimaient me foutre des volées. J'ai la sale impression d'attirer les coups. Peut-être que j'ai une tête de victime.

— Tu n'as pas pris des claques de tous tes partenaires, quand même !

— Gabin m'en colle une dans *Le rouge est mis*, Robert Lamoureux me fout une torgnole dans *L'amour est en jeu*, je me souviens encore de ses doigts longs et secs... Daniel Gélin me frappe dans *La Proie pour l'ombre* et plein d'autres encore, il faudra un jour que je fasse une liste ! Même les femmes m'ont battue. Regarde Isabelle Huppert dans *La Pianiste*...

— Oui, mais dans *La Gifle*, c'est Adjani qui la prend, pas toi !

— Ah, Lino ne m'aurait jamais fait mal ! C'était un délicat, dans la correction des femmes, comme disait Audiard...

L'histoire de maman et de Bernard Fresson va tout de même s'étaler sur neuf ans, et leur liaison sera officialisée lorsque André Cayatte les engagera tous les deux pour tourner dans *Il n'y a pas de fumée sans feu*. Ce scénario met en scène une conjuration destinée à discréditer un homme politique en se servant de photos truquées qui compromettent sa femme. Librement inspiré de l'affaire Markovic où une officine avait tenté d'impliquer les époux Pompidou dans le meurtre du garde du corps d'Alain Delon, le film est caractéristique de la production française de ces années-là. André Cayatte devient l'emblème du cinéma à message. *Il n'y a pas de fumée sans feu* obtiendra un grand succès et dans la foulée Annie, prête à tout pour continuer à tourner avec Fresson, va se lancer un peu inconsidérément dans la production. Cela donnera l'échec de *Ursule et Grelu*, un film dont il n'y a rien à dire, sinon qu'il coûta sa chemise à maman.

Les années Fresson vont ainsi durer, entrecoupées de crises qui deviennent de plus en plus pénibles. Annie, qui habite toujours place des Vosges, s'est petit à petit agrandie en achetant dans son immeuble des bouts d'appartements qu'elle relie par des escaliers compliqués, des passages impossibles et des couloirs aux allures de labyrinthes.

Cette construction torturée lui ressemble, elle y abrite, au hasard des circonstances, ses amours, sa maman, sa fille, ses amis et même quelquefois – mais rarement – son mari. Pour éviter les problèmes, elle a acheté une maison à Sèvres où elle abrite Fresson, ses enfants, ses amours et quelquefois sa femme !

Maman a toujours eu l'esprit aussi large et aussi ouvert que son porte-monnaie.

*
* *

Il n'empêche que l'idylle avec cet homme qu'elle continue d'aimer va devenir de moins en moins idyllique et qu'elle atteindra, un jour, son point de non-retour.

Après une scène particulièrement dramatique qui, selon les termes pudiques d'Annie dans un de ses livres[1], lui « retira son joli sourire ».

---

1. *Partir, revenir : les passions vives*, Le Cherche Midi, 2003.

Je n'en dirai pas davantage, respectant en cela la volonté de maman. Il nous arrive en effet, encore aujourd'hui mais de plus en plus rarement, de bénéficier de ces moments de grâce où elle est là, présente, consciente, en harmonie avec sa pensée. C'est au cours d'un de ces armistices avec la maladie que je lui ai fait part, un jour, de mon intention d'écrire cet ouvrage. J'appréhendais un peu sa réaction mais, à ma grande joie, je vis une lueur de fierté, mêlée de satisfaction, dans son regard.

— Ah, ma fille, bravo !

Nous avons eu encore quelques instants de répit pour parler des choses que j'allais évoquer, et j'ai abordé cette rupture qui me posait problème.

— Ah non, me dit-elle avec une tendre mansuétude. On ne parle pas de ça. Tu sais bien que je ne garde que les bons souvenirs.

À peine eus-je le temps de subir l'ironie cruelle de cette fin de phrase, elle était repartie au pays où l'on ne se souvient pas. Mais je restais bouleversée par sa grandeur d'âme, et je me suis levée pour aller l'embrasser.

C'était une promesse.

VIII
Chambres d'hôtes

Ma liberté gagnée presque fortuitement par la disparition du carabinier – qui ne sera pas remplacée –, je commençais, à petits pas, à goûter aux plaisirs qui m'avaient été jusqu'alors défendus.

Il faut reconnaître que papa était beaucoup moins sur mon dos, et que ma vie à Rome s'en trouvait beaucoup plus agréable. Renato s'était lancé dans la politique, sous l'impulsion de Gian Maria Volontè et de toute une mouvance du cinéma italien engagée à gauche au côté du parti communiste. Cela valut à Renato Salvatori d'occuper quelque temps un poste… au ministère de la Construction !

La sinécure fut de courte durée en raison de l'instabilité institutionnelle des gouvernements en Italie. Néanmoins, cela autorisa mon père à envisager une nouvelle carrière… qui avorta assez vite, l'obligeant à se remettre à jouer au poker avec ses amis fortunés. Activités et fréquentations qu'il n'avait pas totalement abandonnées, il faut bien l'admettre, malgré ses responsabilités ministérielles dans un gouvernement de gauche…

Ces nouvelles dispositions me permirent de m'émanciper. D'autant qu'après une scolarité studieuse, je me retrouvais inscrite à l'École américaine, solution que mes parents avaient adoptée afin que je suive des études aussi bien en France qu'en Italie. Cela m'assurait au moins d'apprendre l'anglais, et d'alterner des séjours de deux mois tantôt chez mon père, tantôt chez maman et Maggi.

En devenant jeune fille, j'avais en effet éprouvé le besoin de me rapprocher de ma mère et de ma grand-mère : je supportais de plus en plus difficilement d'être obligée d'avoir une coupe de cheveux au carré et de porter la même tenue de garçonnet dans différents coloris. Et puis je commençais à prendre des formes qui empêchaient mon père de continuer à me faire passer pour un garçon.

Je compris rapidement que la surveillance de papa s'arrêtait aux apparences, et que si je me montrais discrète, je pouvais m'abandonner à toutes sortes de plaisirs interdits. Quant à maman, elle était bien trop contente de récupérer sa fille, et comme son expérience dans l'art d'être mère remontait à l'époque où elle jouait à la poupée, je bénéficiais auprès d'elle d'une indulgence totale.

Ma première manifestation d'indépendance fut de me mettre à fumer. Mon père me l'interdisait mais je fumais en cachette à la maison. À Paris, maman me laissait faire et j'en profitais. Je n'étais encore qu'une gamine, mais je me mis à fumer de façon compulsive, allumant une cigarette après l'autre.

Par réaction également à la manière dont j'avais été vêtue pendant plusieurs années, je voulus m'habiller comme une « grande ». J'avais à peu près la taille de maman et celle-ci prit l'habitude, en allant faire ses courses, d'acheter ses fringues en double.

C'est ainsi que je me retrouvai avec une garde-robe de femme alors que je n'avais pas encore quinze ans. De toute façon, je me maquillais tellement que je faisais largement plus que mon âge. Cela amusait beaucoup Annie qui avait tendance à me traiter davantage comme une grande personne que comme une adolescente. Maman préférait avoir une copine plutôt qu'un enfant. Aussi me dépêchai-je d'accéder directement au statut d'adulte sans passer par la case ado.

Mon père ne l'entendait pas de cette oreille. Lorsque je rentrais à Rome, mes bagages bourrés de gigots, de camemberts, de bouteilles de champagne et de cognac – ce que je détestais –, il venait toujours me chercher à l'aéroport. Dans la voiture qui nous ramenait à la maison, j'avais d'abord droit à un debriefing complet, concernant maman, bien sûr. Comme je voulais la protéger, j'inventais des sorties avec des copines, des vacances avec Annie et toutes sortes d'anecdotes pour noyer le poisson.

En fait maman était tout le temps avec Fresson dans la maison qu'elle avait achetée à Sèvres et où j'avais une chambre, comme les enfants de Bernard. Pendant les vacances nous partions pour Cassis où Annie avait acquis une villa sur les hauteurs. J'évitais de raconter à mon père qu'Annie y invitait toute la famille Fresson, y compris sa femme. Papa aurait piqué une crise.

Souvent, il interrompait l'interrogatoire pour me critiquer sur ma manière de parler italien. Entre le français que j'avais exclusivement utilisé pendant deux mois et l'anglais que j'apprenais à l'école américaine, j'emmêlais parfois les langues. Cela le mettait en fureur et il m'appelait alors Girardote, se moquant férocement de ma grand-mère et de son compagnon. C'était de la pure méchanceté à mon égard, car il savait que cela me faisait de la peine. Ensuite, pour conclure, j'avais droit à des remarques sur ma tenue et ma coupe de cheveux. Pourtant je m'étais rhabillée selon ses règles. S'il avait su qu'à Paris je portais des robes ultracourtes, des escarpins et du rouge sanglant, il en aurait fait une attaque !

Le lendemain de mon retour, j'avais droit au *barbiere* en guise de reprise en main. Mes protestations et mes pleurs n'y faisaient rien, je n'osais même pas me regarder dans la glace et c'était encore Odabella qui me consolait.

Benvenuta a casa !

Les seuls souvenirs agréables de mes séjours auprès de mon père à cette époque sont les vacances en Sardaigne où il m'emmenait pêcher en mer sur son bateau. Il me considérait alors comme son moussaillon et j'ai appris à pêcher au gros comme un vrai pro.

Ces journées que nous avons passées tous les deux sur le bateau à cuire au soleil en attendant que ça morde, l'excitation de sentir la ligne se tendre et le long travail pour ramener la prise à bord, les éclairs bleutés des bonites qui sautaient dans le fond du bateau et qu'il fallait assommer avec un gourdin, la légitime fierté en rentrant au port : tout cela fait partie des grands moments de partage avec papa. C'est là que je me sentais le plus proche de lui.

Le reste du temps, j'étais plutôt la spectatrice de sa vie.

Il continuait à recevoir ses amis à la maison, et de nombreuses célébrités de cinéma ont défilé dans la via della Tribuna di Campitelli, où habitaient aussi Marco Ferreri, Carlo Ponti et Sophia Loren.

Outre Alain Delon qui faisait partie de la famille[1], la plupart des acteurs français et étrangers qui venaient à Rome passaient voir mon père. Christian Marquand, Alain avec Romy, puis Nathalie, puis Mireille Darc, Marlon Brando qui me soulevait dans ses bras dès qu'il arrivait chez nous…

Je suppose que leur visite tenait en grande partie à ce que Renato Salvatori connaissait tous les bons

---

1. Alain n'a jamais laissé tomber son ami Renato. Il s'est toujours arrangé pour lui obtenir un rôle dans les films dont il était aussi le producteur.

coins, tous les bons plans et tous les bons coups de la ville, pour ne pas dire de la péninsule ! Et puis ils étaient tous si beaux, si lumineux, si élégants… Quand Alain Delon, Warren Beatty et Renato Salvatori – en smoking et écharpe de soie blanche – sortaient pour aller souper, Odabella et moi les attendions pâmées au bas de l'escalier.

Et je vous prie de croire que toutes les filles de la rue se mettaient à leur fenêtre pour les regarder passer !

D'autres fois, tous ces amis préféraient rester à la maison pour jouer aux cartes et surtout manger les pâtes d'Odabella. Elle adorait Alain et était aux petits soins pour lui. Un soir, alors qu'il dînait chez nous avec Mireille Darc, Odabella, après avoir servi les spaghettis, dit à Mireille :

— Mademoiselle, la dernière fois vous avez oublié des petites affaires dans la chambre. Je les ai lavées et repassées.

Et elle lui montre un petit paquet de linge avec un slip sur le dessus. Mireille regarde les « petites affaires », dubitative.

— Mais ce n'est pas à moi, ça !

Elle observe longuement Alain qui mange ses pâtes, l'air innocent, et, sans dire un mot, lui retourne son assiette sur la tête. L'assiette fait partie d'un très beau service offert par Visconti pour le mariage de mes parents et dont chacune des pièces est sertie d'un filet en or. Elle se casse mais le cercle d'or reste autour de la tête de Delon, lui faisant une couronne de spaghettis bolognaise.

Le spectacle est tellement inattendu que tout le monde reste pétrifié.

Très calmement, Alain retire sa couronne en disant :

— Eh bien, c'est moi le roi, aujourd'hui !

Et il se met à rire, suivi par toute la tablée, Mireille comprise, trop fine mouche pour faire un esclandre.

Renato foudroie Odabella qui ne sait plus où se mettre et repart en emportant les débris de l'assiette et la petite culotte litigieuse.

*

* *

Je partageais donc équitablement mon temps entre Rome et Paris, tout en ayant deux vies bien différentes avec mon père ou avec ma mère. Je commençais à me faire des amis de mon âge, bien que je fusse plutôt du genre solitaire, et complexée par une tendance à m'arrondir qui me posait des problèmes existentiels.

Cela ne m'empêchait pas d'avoir des petits copains – malgré la surveillance paternelle – et de commencer à explorer les bonheurs illicites. J'appréciais entre autres les joies clandestines de la fumette. Ce n'était pas une découverte, mon père ayant toujours été un grand amateur de cannabis. Bien qu'il ne fumât jamais devant moi, je connaissais toutes ses cachettes à la maison et j'en faisais profiter mes amis. Comme il agissait de même avec les siens, il ne s'est jamais douté que je pillais ses réserves.

Il s'occupait d'ailleurs moins de moi depuis qu'il avait une nouvelle femme dans sa vie. Elle s'appelait Danka. C'était un mannequin d'origine allemande assez en vogue à l'époque. Elle posait pour de nombreux magazines et travaillait beaucoup à l'étranger.

Elle commença petit à petit à s'installer à la maison, laissant d'abord quelques vêtements, puis y passant de plus en plus de temps. Papa s'était montré jusqu'alors plutôt vigilant sur les femmes qui tentaient de s'incruster. Quand il s'estimait « en danger », il prenait son air le plus digne pour leur dire qu'il était marié et qu'il avait une fille : il n'était donc pas question pour elles d'envahir les lieux.

Avec Danka, les règles du jeu ont changé.

Odabella et moi nous sommes vite aperçues que cette liaison semblait plus importante que les autres et quand elle s'installa pour de bon dans la maison, nous sûmes que mon père tenait à cette femme.

Maman, mise au courant de son existence, réagit avec son sens pratique habituel. La situation l'arrangeait plutôt : elle espérait que, vu ces circonstances, mon père se montrerait dorénavant moins possessif. C'était mal connaître son besoin d'emprise sur tout le monde et sa mauvaise foi abyssale. Rien ne l'empêcherait de continuer à poursuivre « sa femme » de sa jalousie maladive.

Mais un événement se produisit alors que j'étais à Paris, qui allait bouleverser ces petits arrangements.

Je l'appris par Odabella à mon retour à Rome. Danka avait disparu ainsi que ses affaires. Lorsque j'interrogeai papa, il me répondit qu'elle était partie et qu'elle ne reviendrait pas.

C'est évidemment Odabella qui me raconta les dessous de l'histoire...

— Danka lui a annoncé qu'elle était enceinte et qu'elle comptait garder le bébé. Ton père s'est fâché !

— Ils se sont engueulés sérieusement ?

— Oui ! *Il signore* Renato a dit à Danka qu'il était toujours marié et qu'il ne reconnaîtrait pas l'enfant.

— C'est elle qui est partie ?

— Oui, elle a pris ses affaires en disant qu'elle garderait le bébé tout de même et que c'était fini entre eux.

— Papa n'a pas essayé de la retenir ?

— Non.

Je pensais que cette affaire était terminée et que Danka rejoindrait les autres femmes au cimetière paternel des liaisons perdues.

Pas du tout.

Quelques mois plus tard, Odabella m'annonça que Danka avait accouché d'un petit garçon, Nils, que mon père était au courant mais qu'il ne voulait toujours rien savoir. J'étais contente à l'idée d'avoir un petit frère, mais la peur que m'inspirait mon père m'interdisait de lui demander la permission de faire sa connaissance. Odabella, qui n'avait pas l'intention de perdre de vue « le fils de Renato », comme elle l'appelait, était allée le voir à la clinique où Danka avait accouché.

— Si ta grand-mère Giulia était toujours vivante, ce petit serait ici dans la maison de son père !

Mais Odabella redoutait autant que moi les colères de Renato. Elle n'osait pas lui en parler directement. Tout juste se contentait-elle de faire des réflexions et des allusions que papa ne relevait pas.

L'histoire s'est corsée dans les semaines qui ont suivi la naissance de Nils. Sa mère, qui avait besoin d'argent, avait repris son métier de mannequin itinérant et confié le nourrisson à une nourrice sri-lankaise qu'elle avait trouvée on ne sait où.

Odabella, qui suivait attentivement les péripéties de cette jeune vie, me dit un matin :

— Tu veux connaître ton petit frère ? Je sais chez qui sa mère l'a mis en garde. Elle m'a demandé d'aller vérifier que tout allait bien. Tu m'accompagnes ? Mais ne dis rien à ton père…

J'étais très contente de voir ce bébé et nous partîmes chez la nourrice.

Le spectacle qui nous attendait me marqua profondément.

Cette nourrice sri-lankaise était soit totalement incompétente soit complètement folle. Je n'ai jamais compris comment Danka avait pu laisser son fils à cette femme et partir défiler à l'autre bout du monde !

La pièce où nous avons pénétré sentait le curry et les vapeurs d'encens ne parvenaient pas à faire disparaître l'odeur de cuisine et de caca. Le petit était emmailloté dans un sari, lamentablement souillé. Son visage était tout rouge et il pleurait sans arrêt. En le déshabillant, Odabella s'aperçut qu'il avait le ventre gonflé comme les bébés souffrant de malnutrition. Quand elle demanda à la bonne femme ce qu'elle lui donnait à manger, l'autre lui montra une espèce de liquide à base de riz bouilli en lui expliquant que c'est comme cela qu'on nourrissait les bébés dans son pays.

Je n'ai jamais vu le visage d'Odabella devenir aussi pâle, elle faillit exploser d'indignation ! Elle s'empara de l'enfant en disant d'une voix blanche qu'elle l'emmenait immédiatement avec elle, qu'il allait mourir et que c'était un scandale. La femme ne protesta même pas, et nous repartîmes précipitamment, Odabella serrant le bébé dans ses bras. J'étais toute remuée par cette aventure et je ne savais que penser.

— Qu'est-ce que tu vas faire ?

— On l'emmène à la maison !

— Mais papa…

— Ton père, on verra après. Pour le moment il faut sauver ce petit ange. Si on ne s'en occupe pas, il va mourir !

— Tu crois ?

— J'ai déjà vu des bébés dans cet état pendant la guerre quand on n'avait pas de lait. Je sais ce qu'il faut faire.

Odabella installa mon petit frère à côté de son lit et commença à le réhydrater avec de l'eau sucrée, cuillerée après cuillerée toutes les deux heures pendant plusieurs mois. C'est ce qui lui sauva la vie. Il reprit peu à peu des forces et put s'alimenter normalement au biberon.

Mais pendant des années il resta très fragile.

Je redoutais le retour de Renato, qui était alors en tournage, et sa réaction lorsqu'il découvrirait le bébé. Dès son arrivée, Odabella lui raconta elle-même dans quel état elle avait trouvé son fils et lui annonça qu'elle avait décidé de le garder avec elle. Danka, qu'elle avait pu joindre au téléphone, était d'accord. Je me rappellerai toujours la scène. Nous étions dans la chambre des invités où Odabella avait installé mon petit frère et je m'étais mise à côté d'elle pour la soutenir. Mon père, croyant calmer le jeu, dit que l'enfant pouvait rester là jusqu'au retour de sa mère. Les yeux d'Odabella se mirent à lancer des éclairs et, folle de rage, elle répondit avec une détermination glacée :

— *Signore* Renato, je veillerai sur le petit-fils de *la signora* Giulia comme j'ai veillé sur sa petite-fille. Si cet enfant quitte cette maison, je pars avec lui !

Pour la première fois, je vis mon père vaciller.

Il essaya de sauver la face en disant : « Ah les femmes, vous êtes toutes les mêmes » ou quelque chose d'approchant. Puis, s'adressant avec un petit rire à Odabella, dont le corps était complètement arqué par la violence de l'affrontement, il ajouta :

— Je peux le voir quand même, ce bébé ?

C'est ainsi que Nils, par la grâce d'Odabella, resta à la maison. Au début, Danka vint le voir régulièrement tout en gardant son appartement, puis petit à petit elle se réinstalla chez papa. Elle occupait avec son fils la chambre des invités, mais c'était bel et bien la nouvelle maîtresse de maison.

Le problème c'était maman.

Elle continuait à venir me voir à Rome et comme elle traversait une période de creux en France, elle tournait beaucoup en Italie où son talent de comédienne était très apprécié. Elle joua ainsi un certain nombre de téléfilms en coproduction, pour les télévisions française et italienne. Bref, elle était souvent là et il était délicat qu'elle s'installe dans la maison où habitait Danka. « Sa » maison, en fait. Elle était quand même l'épouse « légitime » ! Mais maman ne s'attardait pas à ce genre de « mesquinerie », comme elle disait. Alors que fit-elle ? De nouveau elle paya… Elle décida d'acheter l'immeuble mitoyen de celui de papa avec l'idée de réunir les deux bâtisses pour reconstituer de grands appartements à chaque étage. Chacun chez soi mais tous ensemble ! Ce projet grandiose qui consistait à casser les murs entre les deux bâtiments et à niveler les planchers nous plongea pendant des années dans les travaux sans qu'on n'ait jamais l'impression d'en voir le bout.

Les relations entre mon père et ma mère s'étaient un peu améliorées après la naissance de Nils mais leurs rapports toujours conflictuels restaient pour moi une source de soucis. Et maman continuait de se ruiner.

Non seulement elle épongeait encore les dettes de jeu de papa, mais, de plus, elle encaissait ses gains sous forme de chèques. Pour des raisons fiscales, papa demandait en effet à ses partenaires malchanceux de rédiger leurs chèques au nom d'Annie, qui lui reversait l'argent en liquide. Le fisc français ne tarda pas à s'intéresser à ces gains suspects et à en demander la provenance. Seul Yves Montand accepta de reconnaître que ces paiements étaient des dettes de jeu, les autres – dont je ne donnerai pas les noms – se défilèrent et maman dut payer un très important redressement fiscal.

Mais papa avait aussi de généreux gestes de folie.

Un matin où il avait été particulièrement en veine en jouant toute la nuit aux cartes à Milan, il gagna en outre la voiture d'un chanteur, un superbe coupé Mercedes tout neuf. Il prit aussitôt la route de Paris où, quelques heures plus tard, il garait la Mercedes place des Vosges. Arrivé dans l'appartement, il entraîna maman devant la fenêtre et lui désigna la voiture dans la rue.

— Regarde cette Mercedes. Comment la trouves-tu ?

— Formidable, c'est la tienne ?

— Non ! Elle est à toi maintenant !

Et mon père, d'un geste enfantin, jeta les clefs en direction d'Annie.

— Attrape !

*
* *

J'avais, quant à moi, terminé mes études à l'École américaine de Rome. Mon bac en poche, j'avais pour ambition de m'inscrire dans une université aux États-Unis et d'entamer des études de journalisme. Il faut dire que j'avais rencontré à l'école de Rome un garçon italo-américain, Oliver, dont j'étais tombée très amoureuse. Comme cela marchait bien entre nous, nous sommes convenus de nous inscrire tous les deux dans la même université.

Le père d'Oliver avait prévu d'effectuer une tournée des universités pour que son fils remplisse les demandes d'inscription, comme cela se fait aux États-Unis. Nous avions donc décidé de la faire ensemble pour pouvoir nous inscrire sur les mêmes campus.

Lorsque j'annonçai mon départ pour New York, maman, sur un coup de tête, décida qu'elle m'accompagnerait. Je ne voyais pas en quoi elle pouvait m'être utile alors qu'elle comprenait très mal l'anglais, mais je crois qu'elle avait envie de remplir son rôle de mère. De plus, la perspective d'un périple en voiture l'amusait beaucoup, et comme elle n'avait pas de tournage…

Nous débarquons donc, mon copain, ma mère et moi, à l'aéroport JFK, où nous attend Stewart, le père d'Oliver. Je le connaissais vaguement : c'était un Américain moyen qui travaillait à la direction Europe du groupe Playboy et qui était marié à Louise, un mannequin italien, la mère d'Oliver. Le couple allait mal et ils étaient en instance de divorce depuis des mois.

Dans la voiture, le père d'Oliver dit soudain à son fils :

— On va déposer les filles à l'hôtel et passer la soirée tous les deux, chez moi.

J'ai pensé que le père et le fils ne s'étaient pas vus depuis un moment et qu'ils voulaient être un peu seuls ensemble pour discuter.

L'hôtel se trouve à Manhattan dans la 42e Rue et en voyant le quartier, je fais un clin d'œil à Oliver : « Si tu cherches un peu de shit, on n'a pas loin où aller ! » Maman, qui ne comprend rien à la conversation, me demande pourquoi Stewart ne nous a pas invitées chez lui. Je commence à avoir de sombres pressentiments, connaissant le côté puritain de Stewart (un comble pour un mec qui travaille à *Playboy*), et l'opinion que ce genre de type peut avoir d'une comédienne française, qu'il considère, à peu de chose près, comme une pute.

Je ne savais pas qu'en plus, Stewart était radin au-delà du supportable et qu'il avait prévu de faire cette tournée en se faisant inviter par les uns et les autres. Avec la copine de son fils, cela ne posait pas de problèmes, mais avec la mère c'était galère !

Il va tout faire pour nous pourrir le voyage.

Le premier soir on débarque chez un écrivain de ses amis, qui vit dans un mobile-home, en pleine forêt dans le Connecticut. Il n'y a rien à manger et on dort les uns sur les autres dans l'humidité et l'odeur de pipe qui infeste l'habitacle. Maman est un peu étonnée de la tournure que prend le périple. Elle qui s'attendait aux grands espaces américains, la voilà « on the road » chez un écrivain qui se prend pour Kerouac.

Le lendemain, nous avons rendez-vous avec le directeur de l'université de Boston qui se trouve être un ami de Stewart. Avec Oliver nous passons les entretiens ; lui est convoqué pour se présenter au jury d'inscription mais pas moi. On est tout de même invités à dîner chez le directeur de l'université où un buffet bien garni nous attend. L'aubaine ! Maman et moi nous mourons de faim. Depuis trois jours on ne mange, dans des fast-foods miteux, que des petits déjeuners dégueulasses et des repas à base de sandwich ou de nourriture répugnante servie dans des morceaux de carton. Lorsque maman demande qu'on s'arrête dans un restaurant convenable et propose même à Stewart de l'inviter, celui-ci dit qu'il n'a pas le temps.

Et l'on continue à enfiler les universités : Yale, Columbia, NY University... pour terminer à Long Island où l'on est invités dans une très grosse villa avec piscine et solarium. Bizarrement, Stewart et Oliver ont chacun une chambre mais rien n'est prévu pour nous. Je demande à Oliver où nous allons loger, il nous répond qu'il n'y a pas d'autre chambre. Maman propose qu'on nous dépose dans un hôtel, Stewart l'envoie promener en lui disant qu'il n'y a rien à proximité.

— Très bien, dit Annie, puisque c'est comme ça, on va dormir sur les transats de la piscine !

Nous commençons à nous installer pour la nuit en utilisant les commodités du pool-house, mais les propriétaires de la maison nous jettent carrément comme des squatters.

Là je m'énerve sérieusement et supplie Oliver de faire quelque chose. Il a honte de l'attitude de son père, qui s'est enfermé dans sa chambre après avoir pris les clefs de la voiture.

On ne peut même pas s'échapper !

Annie décide néanmoins de quitter cet endroit et de trouver un motel. Nous partons tous les trois à pied en direction de la route principale, et, au loin, nous apercevons les néons d'un bar. L'espoir revient, nous nous imaginons les chambres d'un motel, pourquoi pas d'un Holiday Inn qui nous semble alors le must de l'hôtellerie, avec son buffet croulant de victuailles.

En réalité, ce n'est qu'un de ces bars routiers, glauque et sinistre au milieu de nulle part, où une serveuse obèse sert des bières et du bourbon en traînant la savate, pendant que des gros bras jouent au billard en échangeant des *bucks*[1] contre des jurons. On a bu un whisky pour se donner le courage de repartir. Rien qu'en y repensant, je retrouve l'odeur écœurante de ce bourbon qui me donne envie de vomir...

On est rentrés à pied comme on était partis. Oliver est allé chercher subrepticement les clefs de la voiture dans la chambre de son père et on s'y est installés pour la nuit. Il faisait une chaleur humide et lorsqu'on ouvrait les portes pour avoir un peu de fraîcheur, le plafonnier s'allumait et on était assaillis par les moustiques.

Inutile de dire que le lendemain l'ambiance était plutôt morose. Oliver s'est fait engueuler pour nous avoir laissées dormir dans la voiture et maman était outrée par la manière dont ce mec nous avait traitées. J'ai tenté de la calmer.

— Ne dis rien, cela ne sert à rien. Ce salaud est capable de nous abandonner en pleine cambrousse. On rentre à New York et on se démerde.

J'en avais quand même gros sur le cœur ! J'ai profité d'un arrêt à une station-service pour appeler papa en PCV à Rome et je lui ai raconté toute l'histoire.

Il s'est mis à rugir au téléphone et m'a aussitôt donné la solution :

---

1. Dollars en argot américain.

— Va avec ta mère à l'hôtel Pierre, sur Central Park. Je les préviens, ils vont vous attendre.

Stewart nous a déposées devant le palace et a paru impressionné. Oliver est descendu et a dit à son père qu'il restait avec nous. L'autre a démarré sans un mot.

À la réception de l'hôtel, une enveloppe nous attendait avec trois mille dollars en trois gros billets de mille dollars, et une suite avait été réservée au dernier étage, au nom de maman.

Papa savait vivre.

Nous sommes rentrées en Concorde au bout de trois jours de vie de palace. Oliver est resté une semaine avec son père avant de retourner à Rome. Il avait été admis aux universités de Boston et de New York et moi à Columbia et NYU. Nous sommes alors convenus de prendre une décision définitive à la rentrée.

Le destin allait se charger de choisir pour nous.

*
* *

De retour à Paris, je m'installai pour quelque temps place des Vosges, ne supportant plus la vie dans la maison de Sèvres avec Fresson et sa famille.

Maman avait la manie d'acquérir des maisons et des appartements. Peut-être le besoin d'avoir plusieurs toits au-dessus de sa tête… Petit à petit, au gré des circonstances, elle avait racheté, dans l'immeuble de la place des Vosges, une partie des appartements qui se libéraient. Au fil des années, je l'ai dit, elle avait ainsi réussi à s'approprier une très vaste surface mais qui avait le défaut de se trouver sur quatre étages différents et d'un côté ou de l'autre de l'escalier central. Si bien qu'il fallut creuser des cloisons, percer des plafonds, ouvrir des couloirs et construire des escaliers pour relier entre elles les diverses pièces de ce patchwork. Il en résultait une construction labyrinthique dans laquelle il était extrêmement difficile de se retrouver.

Grosso modo, ma grand-mère occupait la partie rez-de-chaussée, Annie avait installé ses quartiers au premier et au deuxième étage, et j'occupais le duplex, tout en haut, qu'elle avait acheté à leurs débuts pour Renato, en espérant y construire un nid d'amour.

Pour communiquer dans ce réseau d'appartements, maman, qui ne pouvait pas vivre sans téléphone, avait fait installer un grandiose et coûteux système permettant, comme dans un hôtel, de téléphoner d'un étage à l'autre et de pièce en pièce.

Annie adorait cet immeuble de la place des Vosges dans lequel elle était installée comme dans une forteresse. Je crois qu'elle était très satisfaite de ce dédale qui l'aidait à déjouer les irruptions intempestives de son mari ou de son amant officiel, alors que la coquine était entre d'autres mains. Grâce à cette architecture particulière on pouvait, par le jeu des escaliers intérieurs et de l'escalier central, circuler de façon indépendante dans la maison. Ce qui valut à maman d'éviter quelques situations gênantes.

Je me souviens d'un soir où je fus réveillée par des hurlements dans la rue. Je reconnus la voix de Bernard Fresson qui criait pour qu'Annie lui ouvre la porte. Leur relation arrivait à son terme et Fresson, qui soupçonnait maman d'être avec un autre homme, la menaçait avec des mots très crus de tout casser si on ne lui ouvrait pas cette putain de baraque. J'entendis le téléphone sonner dans différentes pièces tandis qu'on s'agitait dans l'appartement de maman. J'occupais alors une chambre au même étage que la sienne, le duplex étant occupé par deux de ces nombreux amis « de passage » que maman hébergeait pendant des mois.

Je tentais de me rendormir lorsque soudain la porte de ma chambre s'ouvrit et la lumière s'y infiltra. Je vis ma grand-mère en robe de chambre qui me faisait : « Chut ! Ne t'inquiète pas c'est moi ! » Dehors Fresson continuait à vociférer en menaçant maman et l'enc… qui était avec elle. Ma grand-mère pénétra dans la pièce et je m'aperçus qu'un homme, dont je distinguais la silhouette en contre-jour, la suivait. L'homme était en caleçon et en chemise, il portait sur son bras ses vêtements, il avait juste eu le temps d'enfiler ses chaussures mais sans ses chaussettes.

Maggi traversa ma chambre et se dirigea vers une porte qui donnait sur l'escalier principal, et dont je me servais parfois pour sortir en douce. Elle tourna le verrou et l'ouvrit avec précaution en écoutant les éclats de voix dans la cage d'escalier. J'entendis maman qui demandait à Fresson de se calmer et de faire moins de bruit. L'autre lui répondit : « Tu vas voir qui je vais calmer, moi ! »

Pendant ce temps, le monsieur se rhabillait en vitesse devant mon lit et, conscient de mon regard, se tourna un instant vers moi. La minuterie de l'escalier éclaira son visage et je n'eus aucun mal à le reconnaître, c'était François Mitterrand.

Aussi pantelante et terrifiée que si j'avais découvert un secret d'État, j'écoutai ce qui se passait en bas : maman avait fait entrer Fresson qui grimpait quatre à quatre les escaliers intérieurs jusqu'à sa chambre. Pendant ce temps-là, ma grand-mère exfiltrait Mitterrand en le faisant descendre par le grand escalier pour qu'il rejoigne la rue sans encombre.

Je restai un petit moment calfeutrée sous mes draps puis, comme tout semblait se calmer et que Maggi paraissait avoir réintégré son appartement, je me levai en vitesse pour aller tourner le verrou !

IX
Naufrages

Nous étions une petite troupe à l'École américaine de Rome, qui préparions *Roméo et Juliette* pour la fête de fin d'année. J'étais un peu « vieille » pour jouer Juliette, alors je jouais sa mère, la Capuleta ; quant à Oliver il interprétait le rôle de Mercutio. Une de mes amies était Juliette et Tom, le meilleur copain d'Oliver, jouait Roméo. Nous répétions dur, pour être fin prêts et chacun affrontait le texte avec acharnement.

Comment aurions-nous pu nous douter que la pièce de Shakespeare allait se transformer en une tragédie qui encore aujourd'hui m'arrache les larmes des yeux ?

Pour les fêtes de Pâques, papa m'avait demandé de le rejoindre, comme chaque année, à Cortina d'Ampezzo. J'avais décidé d'y passer une semaine puis de rejoindre Oliver qui répétait avec Tom dans la maison de campagne de ses parents, à Orbetello, une petite ville de Toscane au bord de la lagune.

Je connaissais bien cette maison où j'avais déjà passé des week-ends avec Oliver et des copains. Elle était à trois kilomètres de la gare, et il fallait rudement grimper pour y arriver. Ce n'était pas très luxueux, surtout que le père d'Oliver ne l'entretenait pas comme il aurait dû. Mais nous étions toujours très contents d'y séjourner.

Je me souviens pourtant qu'une fois en hiver, nous avions été bien trempés par un orage pendant la marche. J'avais voulu prendre une douche pour me réchauffer et, voyant Oliver ouvrir le vasistas de la minuscule salle d'eau, j'avais énergiquement protesté.

— Il y a une fuite de gaz dans le chauffe-eau, il faut ouvrir la fenêtre pour éviter un accident, m'expliqua-t-il.

— T'es fou, il fait froid ! C'est très désagréable !

— Je sais... Mon père doit appeler le plombier depuis des mois pour qu'il vienne réparer, et il ne l'a toujours pas fait. Tu sais comment ça se passe avec les maisons de campagne : on dit « il faudra remplacer ceci, arranger cela », et puis on repart en ville et ça traîne en longueur.

Je ne sais pas pourquoi, mais à la fin de ces vacances-là, j'avais du mal à me séparer d'Oliver. Je traînais tellement pour prendre l'avion que je réussis à le rater et restai vingt-quatre heures de plus avec lui. Puis, comme mon père râlait, je pris un vol le lendemain.

Je n'allais pas toute seule à Cortina : j'avais un petit flirt, Michel, qui devait m'y rejoindre. J'aimais bien l'idée d'avoir deux mecs, je l'avoue sans honte. Ce qui ne m'empêchait pas d'aimer Oliver et de faire des projets avec lui, mais je comptais profiter totalement de mes dix-sept ans. Et puis j'avais été élevée dans une famille où la « fidélité conjugale » n'était pas le talent le plus répandu.

En arrivant à Cortina, je retrouve Michel. Mon père doit quitter l'hôtel Posta pour retourner à Rome, il m'y a réservé une chambre pour la semaine et repart en voiture.

Il se met à neiger. J'ai le bourdon. Je préfère donc m'enfermer au cinéma plutôt que d'aller skier.

Quand je reviens à l'hôtel, le concierge m'avertit qu'il a reçu plein de messages demandant de rappeler Tom. Pourquoi l'ami d'Oliver essaie-t-il de me joindre ? Je me dis aussitôt que je n'aurais pas dû partir, que les répétitions se passent sans doute mal, et que nous ne serons jamais prêts pour la fête de l'école.

J'appelle Tom chez lui à Rome, où je pense qu'il est déjà rentré, et je tombe sur son père. Celui-ci se montre très évasif, il me dit juste qu'il attend que son fils arrive et qu'il va me rappeler.

Je téléphone à tout hasard à la maison chez papa, mais Odabella n'est pas là. C'est Ernesta, la nurse de mon petit frère, qui me répond.

— C'est moi, Giulia. Qu'est-ce qui se passe ? Je suis à Cortina : Tom m'a appelée dix fois !

— Tu ne sais pas ?

— Non. Je ne sais pas quoi ?

— …

— Ernesta, que se passe-t-il ?

— *È morto Oliver !*

— Qu'est-ce que tu racontes ?

— Oliver est mort.

Je suis dans le hall de l'hôtel, le téléphone à la main et j'ai le sentiment qu'un drap glacé vient de me tomber sur la tête et sur les épaules. Je me mets à trembler, je lâche le combiné et soudain, je ne sens plus mes jambes et je m'écroule sur place. Poupin, le portier de l'hôtel qui me connaît depuis que je suis toute petite, se précipite. J'entends sa voix au loin, j'ai comme un bourdonnement dans les oreilles. Je l'aperçois qui se penche vers moi. « Qu'est-ce que je fais par terre ? » Je vois aussi le visage de Michel qui me dit quelque chose que je n'entends pas. Le monde s'est arrêté et je suis la seule à m'en apercevoir ! J'ai l'impression de me débattre au ralenti dans un univers en coton. Je sens qu'on me donne des claques. « Merde, j'aime pas qu'on me frappe. Arrêtez ! » J'émerge d'un coup et j'ai les oreilles qui tintent. L'air emplit violemment mes poumons et me brûle : j'avais cessé de respirer. Et soudain la voix d'Ernesta me martèle les tempes : « Oliver est mort... Oliver est mort... Oliver est mort... »

Et je me mets à hurler.

Michel et Poupin me relèvent : je tremble convulsivement. J'en ai conscience, mais je ne peux pas me maîtriser. J'ai la mâchoire paralysée. J'entends qu'on me questionne, mais je ne peux pas répondre.

— Giulia ! Que se passe-t-il ? Giulia, parle !

Les larmes jaillissent comme si tout mon sang voulait s'écouler de mon corps. Michel attrape le combiné qui pend au bout de son fil, pour savoir ce qui est arrivé. Il raccroche rapidement.

Je le regarde et je pique une crise de nerfs. Je me débats pour échapper aux mains qui me soutiennent. Je me jette vers la porte pour fuir cette douleur. Je cours, je tombe. Michel me rattrape et me maintient dans la neige jusqu'à ce que je me calme.

Des minutes, peut-être des secondes, ou des heures. Le froid m'engourdit et je parviens à articuler :

— Oliver est... mort.

— Je sais, Giulia ! Viens, on va rentrer.

Il met son bras autour de mes épaules et me ramène doucement vers l'hôtel.

J'ai décidé de partir tout de suite. Je ne voulais pas rester à Cortina, je voulais rentrer à Rome. Au fond de moi, je refusais d'y croire... Je me disais qu'on s'était peut-être trompé. Que c'était une farce. Un cauchemar. Qu'on ne pouvait pas mourir à dix-sept ans.

J'ai eu papa au téléphone, il était bouleversé, il avait appris en arrivant à la maison. Il avait aussitôt appelé tous ses copains de Cortina pour qu'ils s'occupent de moi.

Michel avait une vieille voiture, une Dyane, il me proposa de m'emmener jusqu'à l'aéroport de Venise pour attraper le dernier avion pour Rome. Je me pelotonnai dans la voiture et laissai remonter tous mes souvenirs avec Oliver.

J'avais dix-sept ans et la vie m'avait cueillie d'un direct en plein cœur.

Les circonstances de la mort d'Oliver achevèrent de m'anéantir.

Tom et lui avaient répété leur texte dans la matinée. Puis Oliver est allé se raser et prendre une douche. Pendant ce temps, Tom, qui n'avait pas beaucoup dormi, s'est assoupi dans le salon. Il est réveillé un bon moment plus tard par un gars du village, un copain d'Oliver, qui vient le saluer. Ne voyant pas Oliver dans la pièce, Tom se précipite dans la salle de bains. La douche coule toujours et Oliver est mort, intoxiqué par les émanations du chauffe-eau défectueux.

L'enterrement fut très beau et très triste, comme la mort de Mercutio dans *Roméo et Juliette*. Sauf que ce n'était plus du théâtre et qu'Oliver ne sortirait plus côté jardin en disant à ses amis : « Demandez à me voir demain ; et quand vous me retrouverez, j'aurai la gravité que donne la tombe. »

*
* *

De ce jour, rien ne fut jamais plus pareil.

Il n'était plus question que je parte aux États-Unis sans Oliver. Malgré les encouragements de mon père et de ma mère, je refusais de continuer mes études et je me réfugiai dans un trou si sombre qu'on a beau y plonger de plus en plus bas, on n'en voit jamais le fond.

Je tombai dans la dope.

La vraie, la dure. Celle qui vous agrippe et s'installe sur votre dos comme un animal insatiable qu'il faut nourrir jour après jour, nuit après nuit, heure après heure, pour qu'il cesse simplement, pendant un petit moment, de vous dévorer le cerveau. L'héroïne est une amante tyrannique, elle ne s'invite pas, elle s'impose, elle obsède, chassant toutes les autres pensées de votre esprit. Et c'est pour ça que je la voulais, pour qu'elle m'envahisse, me fasse oublier, par ses exigences toujours plus impératives, le souvenir même d'Oliver et le choc que sa mort avait provoqué.

Bientôt je lui appartins totalement, exclusivement. Je me complaisais dans cette déchéance, m'en amusais même, envisageant le temps qu'il me faudrait avant de sombrer définitivement entre ses bras blancs et chaleureux.

Je désespérais mes proches, mais je n'en avais rien à foutre. Je me laissais couler dans les lacs glauques où le réel n'est plus qu'une perspective douloureuse. Une épreuve nauséeuse, un passage obligé pour trouver les moyens de replonger dans la douceur et dans l'oubli.

Je vécus ces mois et ces années comme une parenthèse monstrueuse dans mon existence. Je m'étais jetée dans la drogue comme on se lance d'un pont et j'en ai subi les outrages, affronté les horreurs, distillé toutes les lâchetés. Lorsque les souvenirs aujourd'hui ressurgissent, comme des bulles qui viennent crever à la surface d'un marigot, j'ai l'impression d'être la spectatrice d'un cauchemar dans le sommeil d'une autre.

Et puis, il a bien fallu payer le prix du retour à la vie.

Cette fois-ci, j'avais été hospitalisée d'urgence dans une clinique de désintoxication. Complètement défoncée, j'avais emprunté la voiture de maman, la fameuse Mercedes que mon père lui avait offerte, et j'avais perdu le contrôle du véhicule. La police est arrivée et, vu mon état, m'a embarquée au commissariat. Quand il a su de qui j'étais la fille, le commissaire a appelé maman qui est venue me chercher. La cellule de dégrisement, d'évidence, ne suffisait pas : on me transporta aussitôt à l'hôpital, dans un état comateux.

Avant ce soir-là, rien n'avait réussi à me faire abandonner la dope, ni les supplications, ni les menaces, ni les cures d'où je ressortais avec la douce perspective de replonger bientôt. Le cinéma non plus n'était pas parvenu à me stabiliser, malgré toute la vénération que je lui portais. Un film avec maman, au titre symbolique – *La vie continue*[1] –, avait étrenné mes premiers pas de comédienne, mais n'avait pas eu le succès qu'il méritait, comme on dit gentiment. Rien ne pouvait me détourner de mon entreprise de destruction, et le spectacle de mon déclin ne faisait que nourrir la certitude d'une échéance rapide. Fatale. Souhaitée.

Je me réveille dans un lit blanc, les mains attachées aux barreaux, les veines percées d'aiguilles reliées à des tuyaux qui aboutissent, au-dessus de ma tête, à des poches et à des bocaux suspendus à des potences. Les murs sont roses et mes paupières si lourdes que je me rendors presque aussitôt. Je vais émerger comme ça par intervalles, avec dans la bouche la sécheresse des camisoles chimiques et la saveur du sang que je sens battre à fleur de peau.

_____
1. Moshe Mizrahi, 1981.

Pendant qu'on me récure les veines et qu'on extirpe péniblement le poison de mon corps, abrutie par les substances qui me maintiennent en état d'apesanteur, je nage dans des sommeils sans rêves, d'où l'on me tire pour me nourrir de glucose et de bouillies réparatrices. Parfois, je sens des présences familières et j'entends des sons qui me replongent dans des limbes oubliés, lorsque j'étais encore poisson, respirant en sécurité dans les eaux maternelles. À d'autres moments, plus pénibles, le manque sourd de toutes mes terminaisons nerveuses, me tordant entre mes liens, hurlant dans mon silence, j'ai le corps recouvert de sueurs froides et chacun de mes muscles tétanisés réclame sa dose.

Un matin beau comme un jour de printemps, j'ouvre les yeux et les garde ouverts. Je tourne ma tête vers la fenêtre. Entre les stores fermés, le soleil parvient à faire passer des morceaux de lumière où dansent des milliers de petites particules animées.

Mon réveil provoque l'irruption dans ma chambre d'une bonne partie du corps médical qui me regarde comme si je lui appartenais. C'est bien le cas : ils m'ont sauvé la vie, en la rattrapant in extremis au bord de l'overdose.

*
* *

Trois mois plus tard, j'ai tellement repris goût à l'existence que je redécouvre les joies de l'amour et me retrouve enceinte.

La nouvelle suscite un véritable raz de marée, surtout lorsque j'annonce mon intention de garder le bébé.

J'ai contre moi la réprobation des médecins et des psys qui me suivent dans ma pénible reconquête d'une vie saine. Le discours dominant est plutôt bien-pensant.

— Ma petite, il faut d'abord vous retaper et vous désintoxiquer complètement avant de songer à avoir un enfant.

Certains vont même jusqu'à mettre en doute la bonne santé du fœtus « après ce que vous lui avez fait subir », alors que j'ai arrêté de me droguer. C'est ce qui me touche le plus. D'autres voix m'assurent en revanche que tout laisse à penser qu'il n'y aura pas de séquelles si je ne replonge pas.

Tout au fond de moi, je sens vaguement que cette petite chose qui grandit dans mon ventre est ma planche de salut, un signe du destin pour m'indiquer que « la vie continue » et qu'il est temps que je remonte dans le train.

On dit que ce qui ne vous tue pas vous rend plus fort.

La drogue ne m'avait pas tuée, mon bébé allait-il me donner le courage de vivre ? Mais comment affronter tous ces hommes de l'art, ces gens qui me demandaient d'être « raisonnable » et semblaient persuadés que je n'étais pas assez « stabilisée » pour me lancer étourdiment dans une pareille aventure ? Je me sentais encore si faible…

C'est alors que maman a tapé sur la table. Grande, forte et courageuse Annie ! Lucide, aussi… Elle a tenu tête à tous ceux qui préconisaient la voie facile, « sensée ».

— Si ma fille avorte, il ne lui restera plus rien à quoi s'accrocher pour vivre ! Ce bébé est sa chance.

Elle avait eu si peur de me perdre qu'elle savait d'instinct ce qui pouvait me sauver.

— Il faut que tu aies cet enfant. Il sera ta sauve-garde. Nous t'aiderons tous.

Ce ne fut pas facile. Ce fut même douloureux et pénible, de ressusciter.

Et puis un jour, en cadeau, vint Lola. Ma vie, mon cœur, mon amour.

*
* *

Pendant que je déchiquetais ma vie en lambeaux, maman poursuivait la sienne et avait ajouté à ses trois passions – le cinéma, le théâtre et les hommes – un nouveau centre d'intérêt, la chanson. Annie avait toujours eu un joli brin de voix et une attirance pour la musique. Je crois que cela remontait à une aventure qu'elle avait eue, avant d'être mariée, avec Sacha Distel.

Celui-ci ne manquait jamais de l'inviter dans sa célèbre émission de variétés des années soixante, le « Sacha Show », où elle poussait la chansonnette. C'était le plus souvent des titres qu'elle avait interprétés dans certains de ses films ou pour leurs génériques. Elle avait ainsi chanté en duo avec Bardot dans *Les Novices*, avec Nicole Croisille dans *Vivre pour vivre* ou seule, dans *Erotissimo*, *La Femme faux cils*, de Polnareff et Dabadie.

Avec sa bonne humeur en société et sa voix gouailleuse, Annie réussissait bien dans la chanson reprise en chœur après les bons repas ou dans les émissions de Maritie et Gilbert Carpentier. Ce succès populaire et, peut-être, une mauvaise passe dans le cinéma l'incitèrent, plus tard, à se lancer dans la réalisation d'un disque. C'était la grande mode alors chez les comédiennes de se mettre à la chanson, Bardot, Marie Laforêt ou Jeanne Moreau s'y essayèrent aussi, le top étant de se faire inviter par Denise Glaser dans « Discorama ».

Mais derrière cet engouement il y avait un homme, Bob Decout, un touche-à-tout qui avait écrit quelques textes pour le chanteur Christophe. Il en écrivit aussi pour maman qui enregistra sur un

33 tours *Bonhomme*. Ce ne fut pas un succès planétaire mais le début d'une idylle finalement catastrophique.

Bob avait une dizaine d'années de moins qu'Annie, qui avait, elle, dépassé la cinquantaine. Le cinéma la boudait, elle partageait avec Decout l'amour de la musique, elle se sentait de nouveau attirante, enjouée, aimée par un homme qui, pour une fois, ne la frappait pas.

Seulement il allait l'entraîner dans une aventure où elle n'aurait jamais dû mettre les pieds, mais dont la perspective l'enthousiasma, lui faisant perdre la mesure et son bon sens de Normande.

Sous sa houlette, Annie, qui venait tout juste de se remettre du fiasco de *Ursule et Grelu*, se lança dans la production d'une comédie musicale, genre où elle n'était pas particulièrement experte. L'exercice se doublait de surcroît du sauvetage d'une scène parisienne mythique destinée à être transformée en parking : le Casino de Paris. Tous les ingrédients étaient réunis pour une catastrophe.

Avec l'énergie d'une femme amoureuse, Annie se jeta à fonds perdus dans ce projet, se portant financièrement garante pour tout, persuadée que la justesse de sa croisade compenserait son manque d'expérience et que le talent de son nouvel amoureux emporterait tout.

Ce fut le cas, mais pas comme elle l'entendait !

Grâce à son entregent, maman avait pourtant réussi à attirer de grands et bons professionnels : Catherine Lara avait composé les musiques des chansons, Jean-Paul Gaultier avait signé les costumes, il y avait aussi dans l'aventure Guesch Patti et plein d'autres chanteurs dont je filmais les répétitions : maman m'avait engagée pour réaliser le *making of* du spectacle. Cela me permit d'ailleurs d'assister au réveil d'un monstre : le fameux grand escalier du Casino de Paris, immense machinerie qui bougeait sur la scène comme un dinosaure de métal rouillé. Rien qu'en travaux pour restaurer cet édifice, maman engloutit une fortune.

Mais quoi qu'on ait dit, quoi qu'on ait raconté plus tard, il n'en reste pas moins que si le Casino de Paris existe toujours, c'est grâce à maman. Sa folle entreprise a permis d'attirer l'attention sur ce chef-d'œuvre en péril et Jack Lang, en le classant monument historique, stoppa la spéculation immobilière.

Il n'empêche que ce fut un désastre. L'addition des talents ne suffit pas à construire une œuvre. Il y faut aussi le génie d'un créateur, l'étincelle divine qui change tout. La musique était belle, l'enthousiasme intact, mais cela ne pouvait compenser la légèreté de l'argument, ni une mise en scène approximative. Le spectacle, éreinté par les critiques, fut aussi boudé par le public, et même les plus indulgents parmi les amis de maman se demandèrent pourquoi elle s'était embarquée dans une telle galère. Ce qu'Alice Sapritch résuma d'une phrase :

— Ma chééééérie, tu mérites mieux que ça !

Les conséquences, pour maman, furent dramatiques. Le spectacle ne tint qu'un mois et il fallut régler les artistes et les techniciens, payer les factures et honorer les dettes. À l'heure du bilan, Annie se retrouva toute seule à affronter les colonnes de chiffres qui menaçaient de l'anéantir. Elle assuma ses responsabilités avec courage, payant – jusqu'au dernier sou de dédommagement et jusqu'au dernier centime – les frais souvent exorbitants engagés par des gens qui avaient bien su profiter des bontés de la Girardot.

Pour faire face, ma mère fut contrainte de vendre l'appartement de la place des Vosges. Ce fut pour elle un véritable crève-cœur. Il était toute sa vie et le témoignage de ses plus belles années. Nous y avions tous vécu, et ceux qui y passèrent n'oublieront jamais l'atmosphère si particulière, mélange de liberté, de légèreté et d'amour, qui y régnait. Maman disait que c'était celle des *Enfants terribles* de Jean Cocteau.

*
* *

Mon accès d'humeur n'a servi à rien. Maman, heureuse et inconsciente des désordres que déclenche cette relation, continue à faire confiance à Bob, aveuglément. Decout, qui s'est proclamé metteur en scène, organise des spectacles et des tournées souvent faites de bric et de broc. C'est au cours de l'une d'elles, où – malgré sa peur pathologique du vide – il l'a convaincue de faire du trapèze, que maman va chuter, manquant de se rompre le cou. Annie ne pourra pas tourner pendant deux ans...

Qu'à cela ne tienne, Decout, ancien technicien chez IBM, musicien et organisateur de spectacles, se lance dans la réalisation avec un film au titre édifiant : *Adieu blaireau*.

Il parviendra à entraîner dans cette tentative Philippe Léotard et Annie Girardot, qui interprètent un couple improbable où Annie, dans une sorte d'aveuglement sentimental, verra une métaphore de ses relations avec Bob ! Un scénario ordinaire et une mise en scène très moyenne donneront à ce film insignifiant ce qu'il mérite : une médiocre carrière.

Quant à la relation d'Annie et de Bob, elle ne résistera pas aux dépenses extravagantes de Ville-d'Avray, où ma mère payait non seulement le loyer mais l'entretien et tous les frais « courants » des occupants des lieux. Sans compter un certain nombre d'« indélicatesses » – le mot est juridiquement faible – qui lui firent enfin comprendre qu'elle était exploitée, et qu'elle n'avait plus les moyens de ces largesses.

Toutes ces turbulences avaient précipité Annie dans un marasme financier et dans une situation professionnelle désastreuse. Avec le recul du temps, j'y vois aussi une des premières et insidieuses atteintes du mal qui n'allait malheureusement qu'empirer au fil des années.

Ce cancer de l'esprit n'est pas foudroyant, il ronge petit à petit le cerveau avec des symptômes qui passent inaperçus au début, tant que le comportement du malade n'en semble pas sérieusement affecté. Tout au plus relève-t-on quelques bizarreries, quelques lubies ou autres extravagances qui peuvent faire penser à une simple altération du caractère ou – comme dans le cas de maman – à l'expression fantasque d'un tempérament d'artiste.

En relisant récemment, pour les besoins de cet ouvrage, un livre écrit par Annie à cette époque[1], je suis restée perplexe. Dans ce journal imprécis, qui court de 1988 à 1993, elle avait jeté avec plus ou moins de bonheur des notes, des réflexions et des souvenirs, une sorte d'écriture automatique, à la manière d'André Breton.

Aller plus loin dans mes fibres, goûter l'interdit, le non-dédouané, l'impossible, car je ne sais pas compter, ni les jours, ni les saisons, ni les additionner, pas plus que le temps qui passe, l'attente, mon âge, ni mes dents, si elles sont trente-sept ou trois, ni si deux et deux font quatre, cqfd, ce qu'il fallait démontrer.

---

1. Annie Girardot, *Ma vie contre la tienne*, Robert Laffont, 1993.

*Un tiens vaut mieux que deux tu l'auras.
Tiens, voilà du boudin. La chaleur m'étouffe, le
froid me grelotte.*

*Suivre la ligne droite, mais que de buissons épi-
neux, de fourre-tout imbéciles, de fourrés enfoirés.
Écrire, mais comment ? En salopette, à la va-
comme-je-te-pousse.*

Vas-y ma cocotte.
La fin d'un certain bonheur.

Surréalisme, ou premières traces de l'incohérence
d'une maladie qui allait l'égarer ?

Au moment où maman commença à écrire ce
livre, je ne me suis pas souciée de son contenu.
J'avais à l'époque d'autres préoccupations.

La principale concernait mon père, atteint d'une
grave affection diabétique qui le faisait énormément
souffrir. Ce fut l'occasion pour moi de me rapprocher
de ce Renato que j'avais tant aimé et tant craint, petite
fille. Alors que je lui tenais la main, sur son lit d'hôpital, je trouvai un jour le courage de lui dire tout ce
que je n'avais jamais osé lui avouer. Ma récompense
– et mon pardon – fut de découvrir des larmes
d'amour dans ses yeux. Je ne l'avais jamais vu pleurer.

Et je compris à ce moment-là ce que je n'avais
jamais voulu voir, aveugle que j'étais ! Tout m'apparut
clairement, tout cet amour pour moi, exprimé souvent maladroitement, à contretemps, ou n'importe
comment, mais bien réel, trempé au fil des années et
des épreuves. Un véritable amour paternel, chaud et
solide, doux et râpeux, délicieusement brutal, et si
présent, si naturel, qu'il en devient invisible.

Papa mourut chez lui, quelque temps plus tard,
entre les bras d'Odabella.

X

Le plus tard possible...

La rumeur a été dévastatrice, imparable et odieuse.

Elle a pris corps peu à peu dans un milieu où la compassion n'existe guère... sauf lorsqu'il s'agit de l'exhiber à la télé. Je ne sais pas qui est le premier – ou la première – à avoir balancé le ragot, mais il s'est vite répandu comme une traînée de boue.

La Girardot picole !

La Girardot est une poivrote !

La maladie commençait à progresser chez maman et nous n'étions au début qu'un tout petit nombre de proches à nous en apercevoir. Sans oser nous l'avouer, sans vouloir en parler.

En revanche, maman continuait à rencontrer beaucoup de monde et il est exact qu'en société, son discours devenait parfois étrange et son comportement surprenant. Il lui arrivait aussi de ne pas reconnaître certaines personnes, ou d'utiliser un mot pour un autre.

Dans ces cas-là, elle s'en sortait par une pirouette. Au début.

Mais, très rapidement, même en faisant un effort, elle ne put situer certains de ses interlocuteurs. Elle croisa ainsi Bob Decout sur les Champs-Élysées sans se rappeler qui il était.

— On se connaît, non ! Votre tête me dit quelque chose...

Decout crut qu'elle plaisantait. La copine qui accompagnait maman aussi. Puis celle-ci s'aperçut qu'Annie ne percutait vraiment pas.

— Voyons, Annie, c'est Bob ! Il n'a pas changé autant que ça !

— Non, non ! Bien sûr, Bob ! Je pensais à autre chose...

Elle lui sourit et poursuivit :

— Faut qu'on y aille, maintenant ! Salut Bob, contente de t'avoir vu.

Et elle poursuivit en glissant à sa copine stupéfaite :

— Je sais que je le connais bien, mais je n'arrive pas à me souvenir d'où.

Elle avait vécu dix ans avec lui.

Les altérations de sa mémoire ne suivaient aucune logique : elle pouvait ainsi « oublier » des gens rencontrés la veille mais se souvenir très précisément de situations anciennes ou de personnes qu'elle n'avait pas vues depuis des années.

Un des symptômes corollaires de cette affection – souvent assez pénible pour les interlocuteurs – était cette tendance à répéter la même histoire en boucle. J'étais moi-même exaspérée par ce rabâchage, et il m'arrivait de la rudoyer à ce sujet.

— Arrête, ça fait dix fois que tu me racontes la même chose ! On dirait un disque rayé !

Elle me fixait alors, le regard vide, ne comprenant visiblement pas pourquoi je me montrais aussi agressive.

— Ben dis donc, t'es pas de bon poil aujourd'hui ! Qu'est-ce que je disais, déjà ? Ah oui...

Et elle reprenait pour la énième fois son anecdote sans importance.

Je pense que ce fut une des raisons pour lesquelles la rumeur a commencé à prendre corps. Elle radotait, et on mit cela sur le compte de l'alcool. Pour peu qu'elle se trouve dans un café à boire la « petite bière » qu'elle affectionnait, on la soupçonna de se pochtronner.

Maman a toujours aimé les bistrots et les restaurants populaires, les chaudes ambiances où l'on boit un p'tit coup en riant et en parlant fort. Pendant des années, personne n'a jamais pensé pour autant qu'elle pouvait avoir un problème avec l'alcool, alors qu'elle a fréquenté – et parfois vécu avec – de sévères picoleurs. On savait qu'elle aimait la bonne vie, la bonne chère, les bons vins et les bonshommes, mais on savait également qu'elle pouvait très bien se contrôler et qu'elle ne se soûlait pas.

Et puis soudain, le discours a changé : elle « buvait ».

Il est vrai qu'on la vit aussi tituber. On s'en gaussa charitablement, ce manque d'équilibre étant bien entendu attribué à un état d'ivresse.

Que pouvions-nous répondre ?

La désintégration mentale va souvent de pair avec un déclin physique. Maman se plaignait peu, par discrétion et par orgueil. Elle venait d'une famille où l'on fait face, sans se répandre sur la cruauté du destin. Sa mère l'avait élevée comme ça. Or, son mal de dos chronique était devenu une très grave scoliose avec dégénérescence de la colonne vertébrale. Lorsqu'elle alla consulter un spécialiste, celui-ci lui imposa le port permanent d'un corset.

Ce n'est pas très agréable pour une femme, surtout coquette comme maman, d'être obligée de porter un appareil aussi contraignant.

Pour une comédienne, c'est tragique !

Maman avait beau dire, en riant jaune, qu'après tout Sarah Bernhardt avait une jambe de bois et que ça ne l'avait pas empêchée d'interpréter *L'Aiglon*, la nécessité d'enfiler un corset orthopédique lui minait le moral, surtout au début.

Elle avait du mal à adapter ses mouvements, qui avaient toujours été vifs et alertes, au fait que tout le haut de son corps était désormais figé dans une gangue. Bien entendu, son équilibre et ses gestes en furent altérés, jusqu'à ce qu'elle réussisse à se faire à cette contrainte.

Elle ne voulait pas que cela se sache et, ainsi, s'exposa aux quolibets de ceux qui, voyant sa démarche hésitante et un peu mécanique, répandirent la fable de son intempérance.

Je m'aperçus aussi qu'elle avait souvent des hésitations et des difficultés en passant une porte ou en circulant au milieu de meubles qui semblaient devenir autant d'obstacles. Je remarquais qu'elle se cognait, comme si elle n'arrivait pas à bien calculer les distances et à situer les objets dans son environnement.

On se doute de ce que certains témoins de ces errements pouvaient imaginer.

— Cette pauvre Girardot, elle était tellement bourrée en sortant de chez Lipp qu'elle a renversé une chaise et failli foutre par terre la fille du vestiaire !

En plus, sa vue s'altéra sérieusement, sans qu'elle en parle. Un jour, je me posai quand même la question et je lui demandai si tout allait bien de ce côté-là.

Elle me répondit, désinvolte :

— Tant que je peux faire mes mots croisés !

Je voulus en avoir le cœur net et lui fis fermer un œil, puis l'autre, en la priant de me dire ce qu'elle voyait.

Pour l'œil droit, tout allait bien. Mais pour l'œil gauche elle eut cette remarque déconcertante :

— Je vois en zigzag.

— Comment ? Tu vois de travers ?

— Non, je vois décalé, en zigzag, quoi !

L'ophtalmologiste qui l'examina mit un mot savant sur le zigzag et lui prescrivit des lunettes qu'elle prit bien soin de retirer chaque fois que quelqu'un la regardait. C'est-à-dire tout le temps. Petit à petit, elle accoutuma sa vue à son handicap, l'adaptation de l'espèce n'étant pas un vain mot.

*
* *

Tous ces « bobos », comme elle disait, ne détournaient pas mes pensées d'une crainte obsédante : la perte de mémoire. J'avais cherché toutes les excuses du monde pour tenter de reculer le moment où je devrais me colleter avec la vérité. Il me faudrait bien, un jour, me résigner à lui faire passer des examens sérieux.

Le comportement de maman commençait à être dangereusement affecté par ses « absences » répétées.

En fait, longtemps avant que la maladie ne fasse son apparition, un événement avait complètement bouleversé son existence : la mort de ma grand-mère, un an après celle de mon père. Maggi avait toujours été au côté de maman tout au long de sa carrière. Comme une fan éblouie du succès de sa fille, comme une amie solide et fidèle lors des moments pénibles et enfin comme une mère rassurante dont la seule présence était gage de son amour. Et puis, Maggi s'occupait avec détermination et compétence des affaires d'Annie. C'est elle qui payait les factures, gérait les comptes en banque, veillait au grain lorsque maman se laissait emporter par une générosité immodérée.

Sa disparition laissa Annie désemparée. Elle avait vécu en telle symbiose avec sa mère qu'elle était dans la situation d'avoir perdu une sœur jumelle.

Elle continua donc à la voir et à lui parler, cherchant désespérément toutes les petites manifestations d'outre-tombe qui pourraient lui prouver que, de « là-bas », Maggi continuait à s'occuper d'elle.

Maman n'était pas particulièrement croyante, au sens où l'entendent les chapelles, mais elle avait une sainte conviction qu'un être supérieur la regardait de « là-haut », un peu comme un surveillant général céleste qui observerait ses ouailles. Elle en avait donc tiré des conclusions hasardeuses sur les « pas vu, pas pris » et « y a pas de mal, quand on fait du bien », qui réglaient ses problèmes de morale religieuse.

Pour le reste, elle s'accommodait de pratiques de bonne femme et d'une large dose de superstition pour s'attirer la bienveillance des différents esprits qui peuplent notre univers. En somme, rien que d'assez commun à l'humaine condition qui, malgré les efforts des différentes Églises pour extirper le paganisme, n'a jamais totalement abandonné ces enfantillages.

Seulement, même si maman persistait à entretenir dans l'au-delà des conversations avec ma grand-mère, celle-ci ne pouvait malheureusement plus effectuer toutes les tâches qu'elle accomplissait ici-bas. J'ai d'abord pris le relais pour tout, puis j'ai cherché quelqu'un pour s'occuper de l'agenda et des comptes d'Annie Girardot. Ce fut Léo, garçon charmant et efficace, qui se chargea de cette difficile entreprise. Il commença à mettre un peu d'ordre dans les finances de maman. Au début, cela fut relativement simple mais, au fil des années, il s'aperçut qu'elle dépensait le peu d'argent qui lui restait de manière inconsidérée.

*
* *

Après avoir dû quitter la place des Vosges, ma mère s'était repliée dans un petit appartement du Marais. Elle s'y était installée avec tous ses bibelots, sa collection de cendriers publicitaires chipés dans les hôtels, son chat Hitchcock et ses souvenirs qui, au fil des ans, allaient prendre de moins en moins de place.

Léo fut alerté par des retraits intempestifs effectués sur ses cartes bancaires et par des chèques insolites qu'elle semblait distribuer à la volée.

Enquête faite, c'était exactement le cas.

Léo et moi décidâmes d'effectuer une surveillance discrète de ses activités. Annie avait toujours vécu avec une bande d'amis autour d'elle. Rien d'extraordinaire, c'est courant chez certains artistes qui ne peuvent pas se passer d'une sorte de cour autour d'eux.

Ce qui avait changé en ce qui concernait maman, c'était que son petit groupe habituel avait pratiquement disparu au profit de gens que je ne connaissais pas, et qu'elle recevait chez elle sans beaucoup de discernement. Elle jouait avec eux au chef de bande, annonçant tout à coup, de manière péremptoire, qu'elle emmenait tout le monde au restaurant ou en boîte.

Je m'aperçus qu'au moment de payer l'addition, elle jetait sa Carte bleue, façon grand seigneur, en criant à la cantonade :

— Je ne me souviens plus de mon code. Quelqu'un se rappelle mon numéro de carte de crédit ?

À ma grande surprise, ils étaient plusieurs à « se rappeler » ce numéro censé être secret.

Nous tenions dès lors l'explication des retraits faramineux sur ses relevés de banque ! Léo et moi décidâmes donc de lui supprimer ses cartes de crédit.

Elle les réclama pendant un certain temps, puis oublia.

La petite bande qui s'était installée à ses crochets, voyant que la manne avait cessé, s'éloigna rapidement.

Par surcroît de précaution, je fis le tour des bistrots, des restaurants et des bars du quartier pour interdire que l'on serve des consommations ou des repas sur son compte. Cette démarche – rendue nécessaire par le montant des additions payées dans certains de ces établissements – eut malheureusement le plus mauvais effet sur la réputation d'Annie. Le bruit courut que la fille faisait la tournée des bistrots du quartier pour interdire qu'on serve de l'alcool à la mère.

Comment aurais-je pu donner la véritable explication ?

Rétrospectivement, je me reproche parfois de l'avoir arrachée à cette bande de pique-assiettes, mais pouvais-je agir autrement, même si cela me brisait le cœur de la séparer de ces faux amis qui étaient néanmoins son seul remède contre l'angoisse de la solitude ? Cette froide solitude de l'oubli, qu'elle sentait poindre en frissonnant, sans en connaître le visage.

La solitude.

Cet effet monstrueux de la maladie, qui l'éloignait peu à peu de la vie, en la coupant irrévocablement de ses semblables.

Cette nouvelle situation provoqua un resserrement des liens familiaux. Un garçon était arrivé dans cette famille de femmes : mon fils, que je baptisai Renato. En fait j'avais hésité entre Giuseppe, le véritable prénom de papa, et Renato, celui que le cinéma lui avait donné. Je choisis Renato, en grande partie pour faire plaisir à maman, qui avait aimé mon père sous ce prénom. Pour moi, c'était un peu différent, j'avais été élevée en Italie où beaucoup de gens – qui l'avaient connu enfant – appelaient toujours papa « Beppe », le diminutif de Giuseppe.

Maman était ravie d'avoir un petit-fils. Lola et Renato allaient rapidement constituer deux solides piliers de son existence vacillante.

Mais que l'on ne pense pas que maman restait confinée dans le Marais. La vie dans son appartement parisien n'était pas sa vie. Elle aimait aller et venir. *Partir, revenir*[1], comme dans le film où Claude Lelouch, fidèle entre les fidèles, lui avait offert un rôle.

*
* *

Annie n'avait jamais cessé de tourner, ni de jouer la comédie. Ni les revers, ni la maladie ne l'avaient empêchée de monter sur les planches ou de trouver le chemin d'un plateau. Et il faut croire que bien des metteurs en scène et producteurs croyaient toujours en elle, puisqu'en Italie, ailleurs en Europe et jusqu'en Russie, on la demandait toujours.

Elle tourna ainsi des séries ou des films pour la télévision ou le cinéma étrangers que le public français ne connaît pas et qui lui valurent, dans d'autres pays, une notoriété qu'on ne soupçonne même pas dans l'Hexagone.

J'en eus la révélation lors d'un voyage que je fis à Moscou avec elle à la fin des années quatre-vingt-dix. J'ai pu vérifier qu'elle avait, dans cette ville, des admirateurs fervents dont les témoignages de sympathie se manifestaient de la manière la plus inattendue. Les femmes se jetaient dans ses bras, une « baba » l'embrassait à pleine bouche sur un trottoir, un homme lui offrait spontanément quelques fleurs après l'avoir reconnue… Et je ne

_____
1. Claude Lelouch, 1985. C'est aussi le titre du livre de souvenirs d'Annie Girardot (*op. cit.*).

parle pas des personnages officiels qui l'accueillaient comme une star.

En fait, maman avait tourné en 1988 un film pour la télévision russe, où elle jouait le rôle d'un personnage authentique, une pianiste française mariée à un diplomate soviétique que Staline avait fait fusiller dans les années trente. Vera Arevtchenko, déportée au goulag, est restée malgré tout en Russie – le pays de l'homme qu'elle avait aimé – après sa libération, et y a effectué une brillante carrière de concertiste. Les épisodes du film retraçant sa vie, diffusé sur la première chaîne de télévision russe, avaient eu un tel succès que le public assimilait maman à l'héroïne au point de ne plus faire de distinction entre Annie et Vera[1].

Au début des années deux mille, quand le mal s'est mis à faire des dégâts visibles, le bruit commençait à courir dans le métier que l'on ne pouvait plus compter sur Annie Girardot. Son agent de toujours, Artmédia, faisait déjà barrage aux propositions, si bien que ses prestations en France devenaient de plus en plus rares. Pourtant, maman n'avait jamais eu autant besoin de tourner, financièrement et moralement.

C'est un réalisateur autrichien, Michael Haneke, qui va lui permettre d'interpréter son dernier grand rôle au cinéma. Il lui envoie le scénario de *La Pianiste* et lui demande de jouer la mère d'Isabelle Huppert, une femme dominatrice et castratrice qui tyrannise sa fille, professeur de piano et obsédée sexuelle.

Maman, engoncée dans son corset, incarne formidablement ce personnage ravagé par la méchanceté,

---

1. En France, maman avait rencontré le même phénomène lors de la sortie en 1971 de *Mourir d'aimer*, d'André Cayatte, où elle incarnait le destin tragique de Gabrielle Russier.

l'ennui et les pulsions sadiques. Le film démarre sur un « crêpage de chignon » entre la mère et la fille qui restera un des souvenirs les plus pénibles d'Annie (elle en parle encore). Isabelle Huppert, qui veut se libérer de l'emprise de sa mère, doit se lâcher totalement dans l'expression de sa fureur et de sa haine, aux dépens de la pauvre Annie Girardot qu'elle frappe violemment en lui arrachant les cheveux par poignées, provoquant chez ma mère une réaction de panique.

Il n'empêche que ce fut une performance extraordinaire, dont on n'aurait jamais cru « la Girardot » capable, dans l'état où elle se trouvait.

Mais la grosse déception de maman – que dis-je ? l'immense chagrin – fut de ne pas avoir été invitée à la cérémonie de clôture du Festival de Cannes où *La Pianiste* fut récompensée du prix du jury et où ses deux principaux interprètes reçurent les prix d'interprétation masculine et féminine.

Je n'ai jamais très bien compris pourquoi Annie, qui avait participé à la présentation du film à Cannes, avait été ensuite écartée de la cérémonie de remise des prix…

L'année suivante, elle aura une large compensation : elle sera gratifiée de deux Molière, l'un pour *Madame Marguerite*, l'autre pour l'ensemble de sa carrière, tous deux remis par Alain Delon.

Parlant de *Madame Marguerite*, je serais tentée d'écrire *Madame Marguerite, le retour*, quand on imagine que vingt-huit ans après son triomphe au théâtre Montparnasse, et quatre ans après son dramatique égarement sur la scène de Montevideo, Annie retrouvait son bureau, son tableau noir et le squelette de sa pièce fétiche, cette fois-ci sur la scène de la Gaîté-Montparnasse.

La « renaissance » de cette pièce est due à un metteur en scène, Jean-Luc Moreau, qui eut l'idée de la reprendre au théâtre du Vieux-Quartier, à Montreux, avec maman. Au départ, je me suis montrée très réservée sur ce projet. Je me souvenais de la terrible épreuve qu'avait été pour Annie la représentation de Montevideo. Maman n'allait malheureusement pas mieux et l'angoisse de ne pas se rappeler son texte la rendait malade. Mais Moreau, qui était parfaitement conscient des difficultés auxquelles Annie était confrontée, n'avait pas l'intention de renoncer.

Il adapta la pièce en fonction de l'état physique de son interprète.

Tout d'abord, il bouleversa la mise en scène, supprimant au maximum les allées et venues de Marguerite sur son estrade. Dorénavant, son rôle serait plus statique. Il fit également appel à la technique pour remédier aux problèmes de mémoire de maman en la munissant d'une oreillette. Enfin, il installa autour d'Annie une équipe chargée de gérer son handicap vertébral et les difficultés de mobilité qu'il engendrait.

Malgré tout, j'étais assez perplexe sur les capacités de ma mère à supporter la fatigue des répétitions, puis à s'astreindre à la routine des représentations. Par ailleurs, je ne croyais pas que la fameuse oreillette pourrait valablement pallier ses défaillances de mémoire. Il fallut toute l'opiniâtreté de Jean-Luc Moreau – à qui je dois rétrospectivement rendre justice et dire un immense merci – pour s'affranchir de ces obstacles. Moreau redonna vie à notre Annie en refusant cette fatalité qui la destinait à renoncer à la seule chose encore capable de la faire vibrer.

Ce fut difficile. Pour des raisons d'assurances, il fallut que maman subisse les fameux examens dont je redoutais tant le résultat. Elle se plia de bonne grâce aux tests que lui firent passer d'éminents professeurs suisses et malheureusement le verdict ne manqua pas de tomber : elle était effectivement atteinte de la maladie d'Alzheimer.

Je m'y attendais bien sûr, depuis le temps... Mais entendre énoncer le diagnostic me fit rater quelques battements de cœur. Je me dis aussitôt que l'aventure de *Madame Marguerite* était définitivement terminée.

— Pas du tout, me dit Moreau. Les médecins sont unanimes, tant qu'elle peut travailler, il faut l'y encourager, voire l'y pousser. Si l'on ne peut pas guérir de cette maladie, on peut en ralentir les effets. Et la stimulation intellectuelle est le meilleur remède.

Je restais perplexe, et pas convaincue du tout.

Je me plongeai dans toute la documentation que je pus réunir sur cette redoutable affection, chose que je m'étais bien gardée de faire jusque-là.

La littérature sur le sujet que je pus trouver sur Internet ou ailleurs est au premier abord désespérante.

Lorsque vous avez appris qu'il y a environ huit cent mille personnes atteintes de ce mal en France, que le nombre augmente de cent trente-cinq mille chaque année et, enfin, qu'il n'existe pas de traitement, tout juste quelques rares médicaments qui « semblent » retarder l'évolution, vous vous prenez la tête dans les mains et vous vous mettez à pleurer. Ensuite, quand vous poursuivez et qu'on vous décrit le processus de dégénérescence qui condamne un être proche à devenir pire qu'un étranger, une corvée, un cauchemar, un éternel reproche et un sujet de culpabilité sans fin... vous avez envie de vous rouler en boule et de tout oublier à votre tour.

Mais oublier, c'est quelque chose qui ne vous est pas permis, parce que votre mémoire est tout ce qu'il reste de l'être que vous avez aimé.

Donc, désormais, le mal avait un nom. Le diagnostic des médecins ne m'apprenait rien, même si j'avais voulu longtemps faire l'autruche. Mais l'inéluctable dégénérescence liée à cette maladie me rongeait d'inquiétude. Qu'allait devenir Annie ?

Je décidai de réagir et de prendre contact avec des associations, avec des médecins, bref de m'agiter pour faire quelque chose. On me proposa de visiter un établissement spécialisé. J'allais en ressortir épouvantée.

D'abord, il y a le bruit, comme un lamento perpétuel dès que vous avez passé le sas aux deux portes vitrées qui isole l'établissement. Une espèce de bruit de fond composé des conversations aiguës des pensionnaires – souvent des monologues – et des jingles provenant d'un poste de télévision branché en permanence. Devant, alignés comme des momies assises, quelques vieillards, les yeux fixés sur l'écran, regardent sans les voir des images de filles qui se trémoussent en chantant. Le personnel, pour la plupart des femmes éreintées, pousse paresseusement des chariots ou déambule, s'arrêtant de temps à autre pour interpeller quelqu'un, en lui parlant fort, sur ce ton insupportable fait d'un mélange de commisération et de fausse bonhomie.

— Alors, monsieur Duval. On n'a pas mis son peignoir ? C'est pas bien de se promener avec tout l'fourbi à l'air !

Une femme en chemise de nuit, ses cheveux blancs presque jaunes, circule en bousculant les autres.

— Laissez-moi passer ! Laissez-moi passer !

On me dit qu'elle marche ainsi à grands pas, sans s'arrêter, toute la journée et toute la nuit, jusqu'à ce qu'elle s'écroule à bout de forces. Puis elle repart dans sa course folle tandis qu'une aide soignante essaye de lui faire avaler un peu de nourriture au passage, comme on ravitaille un marathonien.

Les chambres sont ouvertes sur les couloirs où quelques vieux, assis dans des fauteuils faits de lanières de plastique tressées, attendent immobiles en regardant le mur. D'autres s'y promènent, posant sur les visiteurs des yeux vides. Des cris jaillissent soudain sans que cela provoque de réaction. Deux infirmiers tentent de maîtriser une femme dont la maigreur fait ressortir, sous la peau, les os et les tendons. Avec l'énergie d'un désespoir insensé, elle se débat comme un chat en colère, crachant des injures à la face des deux hommes qui tentent, avec des gestes retenus, de venir à bout de sa fureur. Ils parviennent enfin à la coucher sur un brancard et à la calmer, sans cesser de lui parler. Elle se tait d'un coup et s'envole au loin, dans une rêverie boudeuse.

Dans d'autres chambres, des corps reliés à des tuyaux, des visages cireux, et des mains posées sur les draps. Et toujours dans les couloirs une foule de gens, hommes et femmes, qui se pressent comme les masques d'une Venise de cauchemar.

La chaleur étouffante, l'odeur forte des désinfectants, le claquement de la serrure électrique manipulée par un infirmier depuis sa loge vitrée me donnent la nausée. Je m'enfuis, croisant une visiteuse qui me lance un sourire compatissant. Elle semble vouloir me dire : « Courage, je suis passée par là, moi aussi… »

Le plus tard possible.

Cette visite m'a donné la volonté du désespoir : avec mes enfants et une équipe, je vais tenter d'éviter cet enfer aussi longtemps que je le pourrai. Bien que les avis soient partagés, et les pronostics incertains sur la durée pendant laquelle une famille peut tenir face à la maladie, la conclusion est unanime : tôt ou tard, il faut se séparer physiquement de *son* malade et le confier à une institution spécialisée. Et le plus atroce, je suppose, à ce moment-là, c'est cet ignoble soulagement qu'on éprouve malgré soi et qu'on enveloppe dans une épaisse couche de culpabilité, à s'en étouffer.

Le plus tard possible...

Il faut lutter, et le bonheur de maman qui triomphe à Paris, après la Suisse, dans la peau de Madame Marguerite me donne du courage. Le succès est tel que le producteur, Jean-Claude Auclair, envisage une tournée nationale, puis internationale. Là encore, je tremble : comment maman va-t-elle supporter de vivre dans des hôtels, sans les repères de sa vie parisienne, avec la fatigue du voyage et le traitement qu'elle doit suivre ? Je m'insurge : elle est malade ! Vous ne comprenez pas ? Elle est malade !

C'est moi, maintenant, qu'il faut calmer, rassurer. Une équipe l'entoure, la materne, la coiffe, la baigne, la maquille. Dans les coulisses, une voix reliée à l'oreillette est prête à suppléer à tous les trous de mémoire. D'ailleurs Annie, rassurée par cette béquille auditive, déroule son texte sans problème. Elle éprouve une réelle jubilation à voir du monde, à être applaudie, à saluer, à recevoir – pas trop – dans sa loge. Elle donne le change au public. Elle lui joue son plus beau rôle : Annie dans le personnage de la Girardot. Il est bluffé et en redemande. *Madame Marguerite* parcourt l'Europe et la Russie !

Lorsque la tournée fait relâche pendant trois mois, Annie retrouve Paris, son appartement et son chat, mais s'ennuie et ne songe plus qu'à repartir, qu'à continuer ces pérégrinations de saltimbanque qui furent toute sa vie.

— Et puis, je veux retrouver maman et Renato, mon mari.

— Pourquoi dis-tu cela, maman ? Arrête !

— Mais ils sont tous les soirs dans la salle ! Je les vois tous les soirs, assis au premier rang. Ce sont eux qui m'encouragent, c'est pour eux que je joue.

— Maman ! Tu vas reprendre la tournée, ne t'inquiète pas...

Elle sourit aux anges.

Moi, il faut que j'arrête de me prendre la tête avec des projets sans lendemain, seul l'instant présent compte. Il faut jour après jour adoucir aux mieux tous les angles, tous les coins, tous ces aigus qui menacent le corps fragile de ma mère.

C'est dur.

Dur, lorsqu'elle se tord de douleur parce que les médicaments ont bouleversé son équilibre intestinal. Dur, lorsqu'elle refuse de s'alimenter sous prétexte qu'elle est trop grosse, trop laide, difforme et qu'elle veut mourir. Dur, lorsque son regard rempli de haine se fixe sur moi et que ses mots deviennent des reproches, puis des injures, puis des ordures. Dur, lorsqu'elle se met à pleurer en disant : « Mais qu'est-ce qui m'arrive ? Qu'est-ce qui m'arrive ? » Dur, lorsqu'elle s'arrête en haut d'un escalier complètement paralysée par le vertige. Dur, lorsqu'elle s'aperçoit qu'elle tombe dans ce trou sans fond de l'oubli et qu'elle bat vainement des bras pour se rattraper. Dur, lorsqu'elle se réveille en hurlant : « Les Boches ! Attention, voilà les Boches ! »

Mais le plus dur, c'est de guetter ce moment tant redouté, où je verrai dans ses yeux que je n'existe plus.

XI

Quand Annie redevient Girardot

Léo m'a appelée ce matin, assez excité. Il venait de recevoir un coup de téléphone de Los Angeles. Un metteur en scène américain cherche à joindre « Madame Girardote » pour une participation dans son film.

— Il est au courant pour maman ?

— Oui. Il s'est renseigné. Je lui ai confirmé que madame Girardot était très fatiguée et qu'elle ne pouvait se déplacer qu'avec son équipe. Il est d'accord pour les conditions. Ils sont très attentifs aux handicapés aux États-Unis : il m'a assuré que la production prendrait tous les frais en charge.

— Il t'a donné des indications sur le film ?

— Il envoie le synopsis et un découpage sur le rôle d'Annie. Il m'a simplement dit qu'elle devrait jouer une Française, *an old lady* qui vit depuis longtemps aux États-Unis mais qui est restée *very french*. Il a ajouté qu'il tenait absolument à elle pour le rôle.

— C'est quelqu'un de connu ?

— Non, c'est un jeune cinéaste. Il semble tout savoir de la carrière d'Annie : Lelouch, Visconti et *tutti quanti*... À mon avis c'est un film d'auteur. Qu'est-ce qu'on fait ?

— Attendons de lire le scénario. Si c'est jouable pourquoi pas ? Tu t'imagines, maman allant tourner à Hollywood ! Elle qui en a toujours rêvé depuis *Smog* !

Je me prends à rêver moi aussi : un voyage à Los Angeles serait une bouffée d'air frais, pour maman comme pour moi et pour tous ceux qui maintenant s'occupent d'Annie, l'entourent et la maintiennent à flot.

Nous sommes cinq à nous relayer autour d'elle.

Durant la semaine, il y a Léo qui gère avec une attention sourcilleuse toute la partie administrative, les papiers, les contrats… et les finances. C'est le Grand Argentier. Son ami Valera s'occupe des soins personnels. C'est lui qui aide Annie à faire sa toilette, l'habille, la maquille, la nourrit et exécute avec dévouement et bonne humeur toutes les tâches que maman ne peut plus assurer elle-même.

Pendant le week-end, je prends le relais avec Lola qui sait si bien câliner sa grand-mère et Renato qui a décidé de la faire rire. Un défi pas aussi facile qu'on pourrait le croire, mais que mon fils parvient à relever avec l'aplomb de ses quinze ans.

Et puis il y a moi, heureuse d'être avec mes enfants et ma maman contre la maladie et contre l'oubli. Je pourrais ajouter « contre le monde entier », lorsque nous nous trouvons tous les quatre, repliés comme un poing fermé dans cet appartement du Marais.

Parce qu'elle existe, cette terrible tentation de se laisser aller au ressentiment, à la haine des « autres », de ceux qui ne sont pas malades.

Parce que l'Alzheimer a ce terrible effet d'entraîner avec lui tous les bien portants qui entourent *leur* malade.

Parce que cette maladie n'est pas contagieuse au sens habituel du terme, mais affecte de façon si dramatique le comportement des proches que c'en devient une véritable contamination.

Parce que la défense des familles – lorsque l'Alzheimer commence à développer des troubles spectaculaires – est de se replier sur sa douleur et de cacher le malade aux yeux du monde et aux siens.

Dans un premier temps, c'est ce que j'ai fait.

Le métier d'Annie et sa notoriété rendaient encore plus difficile l'aveu[1] de sa maladie à la profession, à la presse et au public. Encore que j'imagine que pour des gens *normaux* ce doit être tout aussi difficile vis-à-vis de leurs voisins, du reste de la famille et du cercle de leurs amis et connaissances.

Il y a au commencement un très fort sentiment de honte. On a beau se dire que ce n'est pas bien, rien ne peut empêcher un grand malaise de vous envahir lorsque vous entendez votre mère déblatérer devant n'importe qui ou que vous la voyez descendre dans la rue en manteau de fourrure et savates.

Lorsque le malade est, de par sa renommée, l'objet d'une attention et d'un jugement particuliers, vous avez tendance à le soustraire à la curiosité du public. Ce qui pour une comédienne est la négation de son existence.

Je me suis mordu les doigts de cette attitude. D'abord en constatant que non seulement mes efforts pour dissimuler l'état de maman étaient un échec, mais qu'ils étaient interprétés comme une tentative pour cacher qu'elle était alcoolique ! Il est plus confortable de rigoler d'un poivrot que d'un malade ! Encore que le rire est parfois une manière d'exprimer son angoisse et qu'en l'occurrence, on rit souvent dans l'entourage des « Alzheimer ». On rit parce qu'en certaines circonstances, le rire est une soupape bien plus efficace que les larmes.

Il faut effectuer un gros travail sur soi-même pour surmonter cette honte et par voie de conséquence tous les sentiments complexes dont on est le jouet,

---

1. Comme s'il s'agissait d'une faute ou d'un délit !

la culpabilité et le ressentiment envers les autres n'étant que les aspects les plus apparents de cette tempête d'émotions qui vous ballotte en tous sens. Difficile de faire le point sur un bateau qui fait naufrage au milieu d'une *mare incognita*.

Car il s'agit bien d'une mer inconnue – d'une mère inconnue – qui se découvre à moi. Une mère redevenue enfant, dont la fragilité et la régression à cet état originel sont contre nature. Les enfants ne doivent pas devenir les parents de leurs parents. C'est indécent, presque obscène.

Alors après la honte, c'est la colère qui m'a envahie, contre maman, contre la vie, contre les médecins, contre le public... contre moi ! Je n'ai jamais demandé cela, j'ai déjà bien assez de mes propres problèmes, pourquoi faut-il que je me charge en plus du fardeau des autres ? Est-ce qu'elle s'est occupée de moi, elle, quand tout allait bien ? Elle ne s'est jamais gênée pour faire passer son travail, son plaisir et surtout sa précieuse petite personne avant tout ! C'est une fieffée égoïste la Girardot, il ne suffit pas de faire de grandes déclarations dans les journaux sur le bonheur d'être mère et d'abandonner ensuite sa fille entre les mains d'un « Carabiniere ». Quand la colère me prenait, c'était en italien que les mots m'arrivaient à la bouche.

Mamma, dove eri quando avero bisogno di te ?

Mamma, dove parti, adesso che ho tanto bisogno di te[1] *?*

Et bien sûr, pour avoir pensé cela, je m'en voulais atrocement !

Ce mouvement d'oscillation perpétuel entre la honte, la colère, le désespoir, puis de nouveau la honte devenait insupportable, pour ne pas dire grotesque.

Il fallait briser ce cercle infernal.

---

1. « Maman où étais-tu quand j'avais besoin de toi ? Maman où pars-tu, maintenant que j'ai tant besoin de toi ? »

C'est pour cette raison que je me résolus à rendre publique la maladie de maman. Je le fis après avoir pris le conseil des amis proches, des médecins et du petit groupe qui entoure Annie, et après y avoir longuement réfléchi. Cela me parut la bonne solution, l'unique moyen de se débarrasser de tout un fatras de conventions hypocrites et de mauvaise conscience suspecte.

Restait la manière de le faire.

Je pouvais, bien entendu, l'annoncer dans une dépêche de l'Agence France-Presse, par un bref communiqué. « La famille d'Annie Girardot a le malheur de vous annoncer que la comédienne est atteinte de la maladie d'Alzheimer et non d'intempérance alcoolique comme des rumeurs malveillantes l'ont laissé entendre. »

Cette discrétion avait l'avantage de concilier dignité et retenue. Mais elle avait aussi des allures de faire-part pour une maladie honteuse.

Par tempérament, il n'était pas question que j'adhère à cette démarche humiliante. En revanche, si j'alertais les médias sur les effets de cette maladie que l'on tait, comme on le fit longtemps avec le cancer ? Si je parlais aussi des conséquences de ce mal dans la société, qui dépassaient de loin les petites considérations mesquines sur la réputation de maman ? La notoriété d'Annie Girardot pouvait focaliser sur cette affection – comme sur les médecins, les chercheurs et les professionnels qui se dévouent pour la combattre – l'intérêt et la sympathie du public. En outre, ce pouvait être un moyen de mobiliser l'attention de l'État sur la détresse dans laquelle se trouvent environ *huit cent mille familles* en France[1], ce qui commence à faire beaucoup de monde...

---

1. Le rapport Girard sur la maladie insiste sur le poids financier et la charge qui pèsent sur les familles. En septembre 2000, les frais s'élevaient déjà à 10 000 F par mois (1500 e). Le travail effectif consacré par des proches ou des « aidants » est de six heures et demie par jour ; quant à la surveillance, elle avoisine les vingt-quatre heures sur vingt-quatre.

Pour cette raison, je décidai d'accorder à *Paris Match* une interview et des photos pour annoncer qu'Annie Girardot était atteinte de la maladie d'Alzheimer, mais que pour elle, comme pour beaucoup de personnes dans son état, la vie continuait, avec son rythme particulier, mais toujours les mêmes ambitions.

Le reportage eut l'effet recherché, les messages de sympathie qui s'entassèrent à la maison en sont le témoignage.

Maman fut très sensible à ce mouvement. Même si elle n'en est pas toujours parfaitement consciente, elle sait qu'elle est malade. Elle sait aussi de quoi. Bien que, et c'est le seul baume qui adoucit cette souffrance, la nature même de la maladie empêche celui qui en est atteint de mesurer totalement ses ravages. Dans cette longue entreprise de « désapprentissage » – selon le mot forgé par les spécialistes –, plus le travail de démolition progresse, moins le patient en est conscient.

Annie ne déroge pas à la règle. À cette exception près qu'elle a gardé de son talent ce noyau indestructible, cette flamme de comédienne qu'elle préserve envers et contre tout. Je compare cette lumière à certaines images de *La Guerre du feu*, où les premiers hommes transportaient au péril de leur vie, dans de rustiques cages de bois, un fragile tison rougeoyant, gage et symbole de leur humanité.

*
* *

Sa part d'humanité, Annie continue, comme elle l'a toujours fait, de l'exprimer devant une caméra. La Girardot continue à tourner, malgré tout. Des cinéastes, des metteurs en scène de télévision persistent à la demander. Ce n'est pas, bien sûr, pour de longs rôles, mais pour des « participations », comme on le précise au générique.

Avant de donner mon accord, je lis le scénario pour m'assurer qu'elle est capable de faire tout ce qu'on exigera du personnage. Ce sont toujours des limites physiques au rôle. Maman peut rester debout et jouer devant une caméra, mais elle ne peut plus bouger. Je préfère qu'elle tourne assise.

Pour le texte, il y a Anne. Précieuse Anne, attentive à l'autre bout de l'oreillette, prête à la rassurer plutôt qu'à lui souffler, et qui inlassablement lui fait répéter son texte pendant les pauses.

Aujourd'hui, lorsque maman arrive sur un tournage, c'est toute une expédition. Tout le monde a été prévenu de son état, et s'attend plus ou moins à l'affronter. Étrange apparition que son entrée sur son fauteuil roulant, souvent la tête penchée en avant, perdue dans d'obscures pensées. Puis, on ne sait pourquoi, l'odeur du studio semble la ranimer. Elle ne voit plus beaucoup mais flaire toujours très bien. Il y a quelque chose d'animal en Annie.

Est-ce la chaleur ou la lumière des projecteurs, le bruit des décors que l'on transporte, les interpellations des machinistes ou les ordres de l'ingénieur du son qui règle ses micros ? Elle semble reprendre vie.

On la maquille et on la coiffe, elle se regarde dans la glace encadrée d'ampoules et semble découvrir une étrangère. Anne, à ses côtés, la fait répéter. Elle s'exécute de bonne grâce. Puis réclame un petit « sucre ».

— Il faut que je prenne des forces ! Donnez-moi mon petit sucre.

Anne traduit : on essaie de lui dénicher un yaourt. Avant d'envoyer un assistant en acheter chez l'épicier arabe, on en trouve un dans un petit frigo où la scripte le cachait pour son quatre heures. Elle est très heureuse de l'offrir à *Mademoiselle* Girardot.

Un technicien, un peu intimidé, s'approche.

— Je peux lui dire un mot ? J'étais sur le Cayatte avec elle. Je ne sais pas si elle se souviendra de moi. C'était en... je ne sais plus, c'est vieux !

On l'emmène ensuite sur le plateau. L'équipe la regarde passer en hochant la tête, certains se détournent, un peu gênés, d'autres lui sourient gauchement. Maman semble repartie très loin. Complètement indifférente à ce qui se passe autour d'elle.

Le décor représente l'intérieur d'une cuisine de ferme dans les années soixante. Annie joue une grand-mère, assise derrière la lourde table. Elle doit prononcer quelques mots. Un homme lui donne la réplique.

Anne lui parle tout bas. Maman ne semble pas réagir, elle regarde dans le vide. Est-elle là ? Ailleurs ?

Tout le monde est prêt sur le plateau. L'assistant du réalisateur demande le silence. Tout s'arrête, suspendu aux ordres du metteur en scène.

— Moteur !

Alors, comme si elle n'avait attendu que ce mot, Annie Girardot se redresse. Sans la voir, elle se tourne d'instinct vers la caméra et de sa voix inimitable débite son texte sans un accroc. Les techniciens, les comédiens, les figurants qui se sont rassemblés pour voir leur camarade en restent sidérés. Cette femme abattue, cette pauvre petite chose, affalée dans son fauteuil quelques secondes plus tôt s'est transformée.

Le buste droit, la tête haute, elle lance la repartie. Juste et assurée, avec au coin des lèvres son petit sourire oblique et dans les yeux une douceur qui s'est installée, en même temps que tombait une légère bruine.

Pareille à ces vieux chevaux de cirque, faméliques, usés et pelés, qui en entendant la fanfare relèvent la tête, lèvent haut leurs antérieurs et se mettent à danser comme des poulains de l'année, *Mademoiselle Girardot* joue la comédie.

— Coupez !

Sur le plateau, tout le monde applaudit. Le réalisateur s'approche et la félicite. Elle reçoit les marques de sympathie comme ces choses naturelles qui fleurissent habituellement sous les pas des grandes stars. Et puis elle se tourne vers moi, le regard coquin, comme si elle venait de jouer un bon tour au destin.

— Tu m'aimes ?

— Oui maman.

Remerciements

Merci à Michel Lafon pour l'amour et le respect qu'il porte à maman.

Merci à Pierre Fery pour m'avoir contactée, et m'avoir redonné confiance.

Merci à Huguette Maure et Jean-Michel Caradec'h, le yin et le yang, qui ont su rendre lisible le brouillon de ma vie.

Merci à toute l'équipe des Éditions Michel Lafon, et particulièrement à Maggy, Édouard, Gérald et Sylvie.

Merci à Léo, Val et Anne pour leur dévouement. Merci de protéger maman et de soigner son image.

Merci à mes enfants, Lola et Renato, pour m'avoir supportée malgré mes sautes d'humeur et mon sale caractère.

Merci à mes amis, Colette, Chantal, Marie, Reuben, Patrice, JR et Patrick, pour leur soutien et surtout leur patience.

Table des matières

9369

Composition
PCA

Achevé d'imprimer en France
par **CPI BRODARD ET TAUPIN**
le 6 septembre 2010. 59696
Dépôt légal septembre 2010.

EAN 9782290012581

ÉDITIONS J'AI LU
87, quai Panhard-et-Levassor, 75013 Paris

Diffusion France et étranger : Flammarion